인생을 바꿀

책속의 명언 300

20년 독서 2000권에서 알아낸
통찰의 지혜

인생을 바꿀 책속의 명언 300

최영환 펴냄

RITEC CONTENTS

프롤로그

20년 독서 2000권에서 알아낸 통찰의 지혜를 사랑하는 딸에게

사랑하는 딸아!
아버지가 1년에 100여 권씩 꾸준히 독서를 하여,
쉰 살이 조금 넘은 나이인 올해
벌써 만 20년째가 되었구나.

세상에 무엇인가를 남길만한 나이는
아직 아니라고 생각한다.
하지만 그동안 한 해도 거르지 않고 열정을 쏟아 부었으니
이제는 딸에게 해줄 말도 조금 있을듯하다.

지금부터 아버지는 책을 읽으면서 딸에게
해주고 싶은 이야기들을 기록으로 남기려 한다.
교과서에는 없는 세상을 살아가는
통찰의 지혜를 이야기하고자 한다.

딸아!
독서는 '잃어버린 마음을 찾는 일'이란다.
이는 맹자의 말이며,
아버지가 존경하는 故 구본형 선생님이
가장 좋아하신 독서의 정의란다.
아버지 또한 독서 다이어리의 맨 앞에 써놓고
늘 되새기는 말이기도 하지.

책을 읽어야만 원래의 마음을 찾을 수 있는 것은 아니란다.
하지만 책을 많이 읽지 않을수록
우리의 선하고 건전한 본심을 많이 잃게 되는 것 같구나.
그래서 세상은 점점 각박해지고
마음은 더욱 고통받고 상처받고 있지 않나 생각해 본단다.

신체적 고통이나 상처는 약이나 의술로 치료할 수 있지.
하지만 마음의 고통이나 상처는 치료가 어렵구나.
이때는 심리적 안정감까지 찾아주는 '치유'가 필요하단다.
마음을 치유하는 데는 요즘에 힐링이나 테라피를 붙여
다양한 방법이 유행하고 있지.
아로마, 삼림욕, 요가, 명상, 심리상담, 여행 등이
모두 마음의 치유를 하나의 목표로 삼고 있어.
그런데 가장 큰 마음의 위로는 사람을 통해서 받는 단다.

우리의 가장 연약하고 순수한 마음은 어린아이였을 때
어머니로부터 보호받았던 경우와 마찬가지란다.
성인이 되면 어머니를 연상케 하는 위로의 말과 손길이
우리에게 진정한 치유를 줄 수 있단다.

상처받아 아픈 마음을 가진 사람이
다른 사람의 도움이나 심리상담을 받는 것이 쉽지는 않지.
우선 내 마음을 열어보여야 하는 것이 두렵기 때문이란다.
이때 책이 힘이 될 수 있단다.

낯선 환경과 다른 사람과의 직접적인 접촉 없이
많은 사람의 이야기를 들을 수 있기 때문이다.
많은 책 속에는 분명히 나와 비슷한 경험을 한 사람이 있고,
그들의 이야기가 곧 나에게는 위로가 될 수 있단다.
굳이 나의 마음을 열 필요도 없이
공감하는 자체로 치유가 일어나게 된단다.

우리가 치유를 통해 원래의 마음을 되찾을 수 있다면
그 자체가 바로 변화란다.
마음의 고통 속에서 헤어나지 못하면 아무 일도 할 수 없지.
하지만 원래의 마음을 찾으면 새로운 출발을 할 수 있단다.
그 속에서 또다시 마음이 다칠 수도 있지만
이제 더 이상 두렵지 않단다.

책 속에 항상 나를 위로해주는 사람이 있기 때문이지.
작은 노력으로 그저 책을 펼치기만 하면 되는 것이다.

아버지는 20여 년 전부터 책을 통해 마음을 되찾고 있단다.
그동안 2,000여 권의 책을 읽었지만
아쉽게도 완전한 마음의 안정을 찾지는 못했단다.
하지만 어떤 일이 일어나더라도
상대적으로 덜 흔들릴 자신감은 갖게 되었단다.

그래서 부족한 자신감이지만
아버지의 책 경험을 주변사람들에게
주간메일을 통해 나누고 있단다.
벌써 10년이라는 시간 동안 하고 있는데
그동안 직간접적으로 치유의 응답을 많이 받았단다.
개인적으로 힘든 상황에서 자신에게 딱 맞는 글을 읽고
위안이 되었다는 반응들이었다.

책을 많이 읽지 않았던 사람이 수많은 책 속에서
도움 되는 글이 숨어 있는 책을 고르기는 쉽지 않단다.
그래서 아버지가 20여 년간 읽은 책 속에서
감흥을 받은 명언과 치유의 글을 공유하고자 한다.

물론 한 권으로 모든 경험을 대변할 수는 없을 것이다.

하지만 단 한 권의 노력으로도
어쩌면 치유의 길을 찾을 수도 있을 것이다.

이 책 속의 300가지의 글귀는
아버지가 20년 동안 2,000여 권의 독서를 통해서
감동받았던 내용을 정리한 것이다.

40개의 글은 부연 설명이 필요하여
좀 더 보충글을 넣어 내용을 깊이 있게 보완하였으며,
나머지 260개의 글귀는 마음에 새기면서
다양한 해석으로 세상사는 지혜의 차이를 경험해보렴.
꼭지마다 글귀가 네가 처한 상황과 맞아
더 깊은 치유와 공감을 얻고 싶다면
저자의 책을 찾아 꼭 숙독하길 권한다.

사랑하는 딸아!
꾸준한 독서는 지속적인 치유의 길이기도 하다.
마음의 양식을 얻고
스스로 자신을 치유할 수 있는 유일한 방법이다.
앞으로 우리 딸과 만나는 배우자도
독서를 통해 잃어버린 마음을 찾고 행복해져서
밝은 세상을 만들어나가는 그런 사람이길 아버지는 바란다.

아버지는

앞으로도 더 많은 책을 읽고 더 많은 경험을 쌓아갈 것이다.

그리고 책을 많이 읽지 못하는 사람들을 위해

책 속의 글을 통한 치유, 북테라피(book therapy)를

널리 전파하고자 한다.

사랑하는 딸을 위해

북테라피스트 최영환

INDEX

Chapter 01

Chapter 02

Chapter 03

Chapter 05

Chapter 06

Chapter 07

Chapter 08

Chapter 09

Chapter 10

001

혼자의 힘

어느 분야에서건 최고의 실적을 남긴 사람들 중에는 고독을 좋아하는 사람이 많다. 왜 일류들은 고독을 즐길까. 고독해야 자신의 과제가 무엇인지 또렷이 떠오르기 때문이다. 무리로 몰려다니면 자신의 약점이 적당히 감춰진다. 그래서 자신의 실력을 과대평가하게 된다. 정도의 차이는 있지만 회사원들은 백 퍼센트 자신을 과대평가하고 있다.

—센다 다쿠야, 〈혼자 있어야 시작할 수 있다〉 중에서

힘 있는 사람은 무리 지어 다니지 않습니다. 다만 무리를 거느릴 뿐입니다. 무리 속에 있다 보면 자신의 힘과 무리의 힘을 혼동할 수 있습니다. 무리의 힘을 나의 힘으로 착각하고 유세를 떨기도 합니다. 하지만 그런 사람은 무리를 벗어나는 순간 비로소 자신의 힘을 제대로 알게 됩니다. 심지어 혼자서 해야 할 일을 제대로 하지 못할 수도 있습니다. 그런 일들을 다른 누군가가 해주었기 때문입니다.

다른 사람들과 많이 어울리면 오히려 객관적인 시각이 떨어집니다. 나도 남도 서로에게 잘 보이려고 자신을 감추기 때문입니다. 혼자만의 시간을 가져야 스스로를 제대로 볼 수 있습니다. 혼자 있으면 잡음이 줄어듭니다. 그러면 들리는 것이 있습니다. '나는 누구인가?', '무엇을 해야 하는가?' 같은 질문들이 떠오를 것입니다. 그리고 그에 대한 생각은 사는 힘이 됩니다. 당신에게도 혼자만의 시간이 있습니까?

002

입 지키기

인간관계에서 상대가 여러분이 가진 영예와 뛰어남을 받아들이지 못할 때가 있습니다. 만약 타인에 대한 참된 정성과 사랑에서 나온 말이 아니라면 몇 마디 말을 하지 않아도 불필요한 질투와 불만을 초래할 수가 있습니다. 많은 사람들이 동창 혹은 친구들 모임에서 불필요한 갈등을 만들어내는 이유는 모임을 개인의 자아를 자랑하는 기회로 여기기 때문입니다.

–팡차오후이, 〈나를 지켜낸다는 것〉 중에서

003

걱정인형

걱정의 40%는 절대 현실로 일어나지 않는다.
걱정의 30%는 이미 일어난 일에 대한 것이다.
걱정의 22%는 사소한 고민이다.
걱정의 4%는 우리 힘으로는 어쩔 도리가 없는 일에 대한 것이다.
걱정의 4%는 우리가 바꿔놓을 수 있는 일에 대한 것이다.

–현대성공과학연구원 엮음, 〈마침표를 찍어라〉 중에서

004

이기는 싸움

늘 좋은 성과를 내는 사람은 질 것 같은 싸움에는 아예 들어가지 않는다. 아이디어는 잘 내지만 숫자 계산에 약한 사람은 회계 관련 업무를 맡지 않는다. 자신이 잘하는 부분을 강력하게 만들기에도 시간이 부족하다는 사실을 알기 때문이다. 이기는 싸움에만 들어간다는 것은 목표를 이루기 위해 자신이 해야 할 일과 하지 말아야 할 일을 정확하게 안다는 것이다.

–전옥표, 〈빅 픽처를 그려라〉 중에서

005

'같이'가 '가치'

삶이란 여러 개의 재료가 혼합되어 있는 김밥 같은 것이어서 김밥을 통째로 씹어야 맛을 알 수 있듯 인간관계 전체를 볼 수 있어야 합니다. 그래서 김밥을 말아 보면 그 안에 서로 어울리지 않는 것들이 얼마나 잘 어울리며 살아가는지를 알 수 있습니다. (중략) 각박한 세상을 어떻게 따로 또 같이 살아가야 할지 모를 때, 김밥을 말아 보면 알게 됩니다.

–한봉주, 〈한봉주의 인생공부〉 중에서

006

끝까지

세계적으로 크게 성공한 사람들이 말하는 3가지 성공비결

첫째, 오래 살아라.
둘째, 한 가지만 해라.
셋째, 끝까지 해라.

그러나, 무엇이든 끝까지 하는 사람은 채 1%도 되지 않는다.

–김이율, 〈끝까지 하는 힘〉 중에서

007

뒷담화

남을 헐뜯는 사람은 그 자신이 내면에 열등감을 갖고 있다. 그래서 남을 자신보다 더 못난 존재로 깎아 내리려 애쓰는 것이다. 그렇게 하면 자기 자신은 '그나마 나은 사람'이 되는 셈이니까 말이다. 하지만 현명해지길 바란다. 그런 방법은 통하지 않는다.

–록산 에머리크, 〈월요일의 기적〉 중에서

008

타인의 과제

모든 인간관계의 문제는 다른 이의 참견 때문에 발생한다. 부모 자식뿐 아니라 친구끼리, 상사와 부하 사이도 마찬가지다. 다른 이의 과제에 뛰어들어서는 안 된다. 우리가 할 수 있는 것은 응원뿐이다. 만약 아이가 공부를 하지 않겠다고 말하면 응원할 준비가 되어 있다고만 전한다. 우리가 할 수 있는 유일한 일은 가만히 지켜보는 것이다.

–알프레드 아들러(오구라 히로시 편), 〈인생에 지지 않을 용기〉 중에서

009

'단 한 번' 핑계

자신이 세워놓은 원칙을 98퍼센트의 시간보다 100퍼센트의 시간 동안 지키기가 더 쉽다. 당신이 정한 도덕적 기준은 당신이 어기지 않기 때문에 강력한 것이다. 만일 한 번만 기준을 어겼다면 또다시 어기지 못하게 막을 도리가 없다.
당신이 표방하는 게 무엇인가를 결정하라. 그런 다음에 항상 그것을 지켜라.

–클레이튼 M. 크리스텐슨 외, 〈당신의 인생을 어떻게 평가할 것인가〉 중에서

010

일괄거래 인생

인생은 일괄거래다. 다시 말해 원하는 것만 주고받을 수 없고 고통이나 슬픔 등도 모두 내가 살고 있는 삶에 포함되어 있으며 내가 이 인생을 사는 한 모두 떠안고 가야 한다는 것이다. 인생의 잔인하고 혹독한 불공정함과 놀라운 공명정대함에 모두 마음을 열 때, 우리는 있는 그대로의 삶을 평화롭게 살아갈 수 있다.

–캔 드럭, 〈인생의 진정한 법칙〉 중에서

‘평생의 단 한순간도 행복한 적이 없었다.’ 또는 ‘평생의 단 한순간도 불행한 적이 없었다.’ 이런 인생이 있을 수 있을까요? 그런데도 사람들은 이런 불가능한 인생을 꿈꾸면서 살아가고 있는지도 모릅니다. 인생은 좋은 것과 나쁜 것, 행복과 불행을 모두 주고받아야 하는 일괄거래입니다. 이런 거래관계를 분명히 깨달을 때 좋은 거래든 나쁜 거래든 크게 흔들리지 않고 받아들일 수 있습니다.

일괄거래라고 해서 거창해 보이지만 사실 큰 거래는 많지 않습니다. 일상을 보면 대부분은 평범한 상태로 지나갑니다. 아주 가난하다고 불행하기만 한 것도 아니고 아주 부자라고 행복하기만 한 것도 아닙니다. 오히려 행복과 불행이라는 양극단에만 집착할 때, 평범한 일상 속에서 느낄 수 있는 평화로움을 놓칠 수 있습니다. 그런 평화야말로 힘 안 들이고 받을 수 있는 인생의 선물인데도 말입니다.

011

두 가지 실수

살다 보면 흔히 저지르게 되는
두 가지 실수가 있습니다.
첫째는 아예 시작도 하지 않는 것이고,
둘째는 끝까지 하지 않는 것입니다.

–파울로 코엘료, 〈마법의 순간〉 중에서

글을 읽고 나서 여러분만의 경험과 생각, 느낌을 자유롭게 적어 보세요!
직접 작성한 글은 카카오톡 플러스친구 "리텍콘텐츠"로 보내주시거나 인스타그램에 #책속의명언300 #리텍콘텐츠 해시태그와 함께 올려주세요. 보내주신 소감은 출판사 및 저자 SNS 계정을 통해 다른 독자들과 함께 나누고 다섯 분을 선정하여 저자 데뷔작 "쉿! 나를 깨우세요" 사인본을 보내드립니다~!

012

시작 습관

도전은 언제 시작하고 기다려야 하는지를 아는 능력을 완성하는 데 있지 않다. 그보다는 시작하는 습관을 들이는 데 있다. 당신의 마지막 시도는 언제였는가? 지금 시작하지 않으면 누군가가 시작해 버릴 것이다. 떠오르는 순간 바로 시작하라. 서둘러라!

–세스 고딘, 〈세스 고딘의 시작하는 습관〉 중에서

013

생각 버리기

이상하게도 우리 뇌는 무언가를 하면 안 된다고 자꾸 생각할수록, 그 일에 더 집착하고 더 큰 흥미를 느낀다. 그리고 이런 감정은 우리 마음에 격렬하게 스며든다. 따라서 어느 순간 고삐가 느슨해지면, 지금까지 부정적으로 집착하고 있던 먹는 것에 대한 폭발적인 충동을 억누르기 힘들어진다. 결국 부정적인 자극을 추구하는 뇌는 하면 안 된다고 생각할수록 더 하게끔 만드는 것이다.

–코이케 류노스케, 〈생각 버리기 연습〉 중에서

014

마인드 바이러스

우리가 우연히 갖게 된 믿음, 즉 밈(meme)은 우리 마음이 특정한 방식으로 작용하도록 프로그래밍한다. 마치 컴퓨터에서 프로그램을 불러오면 특정한 과제를 수행하는 것과 비슷하다. 우리 인생이 무의미하고 무작위적이라는 믿음으로 자신을 프로그래밍하면 실제로 무의미하고 무작위적인 인생을 살 가능성이 높다. 반면 우리 인생에 목적이 있다는 믿음으로 자신을 프로그래밍하면 그러한 목적을 달성하는 경향이 있다.

–리처드 브로디, 〈마인드 바이러스〉 중에서

015

보상심리

바다를 보면 기분이 좋습니다. 그럼 바다가 기분 좋은 걸까요, 내가 기분이 좋은 걸까요. 내가 기분 좋은 겁니다. 내가 기분이 좋은 것은 바다가 나를 좋아하기 때문이 아니라 내가 바다를 좋아하기 때문이에요. 산은 그냥 산이고 바다는 바다고 하늘은 하늘일 뿐입니다. 내가 이런 것들을 좋아하기 때문에 그냥 바라는 것 없이 좋아하고 행복해하는 것입니다.

–법륜, 〈인생 수업〉 중에서

016

성장 목표

목표를 세울 때 반드시 성공률 100퍼센트가 보장되어야 하는 것은 아니다. 계획한 목표를 모두 이루지 못했더라도 아무것도 하지 않았을 때와 비교하면 당신은 이미 성장한 것이다. 목표라는 것은 현실화가 되든 되지 못하든 인생을 긍정적으로 변화시키고, 우리의 정신적 에너지가 긍정적인 통로로 발산되도록 유도한다. 자신이 원하는 것이 무엇인지, 어떠한 존재가 되고 싶은지, 스스로 그것을 한다는 것만으로도 당신의 인생은 달라진다. —로버트 앤서니, 〈기적의 자신감 수업〉 중에서

017

기다리지 마라

반드시 오는 것은 기다릴 필요도 없다. 예를 들어 죽음 같은 것은 기다릴 필요가 없는 것이다. 또한 오지 않는 것은 기다릴 필요가 없다. 올지, 오지 않을지 모르는 것은 기다려도 소용없다. 행운 같은 것은 말 그대로 행운인 것이다. 올지, 오지 않을지 그 누구도 알 수 없는 일이다.

—키하라 부이치, 〈강한 나를 만드는 냉정한 지혜〉 중에서

018

놀이도 전략이다

'놀이가 왜 배움이 되는가?'라는 물음에 대한 대답은 죽음을 앞둔 사람들의 후회에서 찾을 수 있습니다. 지난 삶을 되돌아보면서 그들이 가장 많이 하는 후회는 "인생을 그렇게 심각하게 살지 않았어야 하는 건데."하는 것입니다.

–엘리자베스 퀴블러 로스 · 데이비드 케슬러, 〈인생수업〉 중에서

019

리마커블

'남들과 다르다'는 이유만으로 꼭 필요한 사람이 되는 것은 아니다. 하지만 꼭 필요한 사람이 되는 유일한 방법은 남들과 달라지는 것이다. 남들과 다를 것이 없다면, 무수한 사람들 중 한 명일뿐이기 때문이다.

–세스 고딘, 〈린치핀: 당신은 꼭 필요한 사람인가?〉 중에서

020

시간 전망

하버드 대학의 연구에 의하면 성공한 사람, 훌륭한 사람과 그렇지 못한 사람의 차이는 시간 전망(time perspective)에 있다고 한다. 시간 전망은 현재의 행동과 의사결정이 미래에 끼칠 영향력을 얼마나 길게 내다보는가와 관련된 것이다. 시간 전망이 긴 사람은 현재 자신이 하고 있는 행동에 좀 더 신중을 기하고 순간의 감정과 충동에 반응하지 않기 때문에 감정이 안정적이고 기복이 없다.

–허일무, 〈변화, 그 아름다운 선택!〉 중에서

모든 동물 중에서 오직 인간만이 미래를 예측하는 능력을 가졌습니다. 이 능력으로 우리는 한치 앞을 볼 수도 있고, 10년 앞을 볼 수도 있습니다. 단기 예측, 장기 예측 모두 우리의 생존을 위해 필요합니다. 잠시 후를 위해 지금 해야 할 일이 있고, 먼 훗날을 위해 지금부터 해야 할 일이 있기 때문입니다. 이 능력을 쓰지 않는다면 지금 당장의 욕구충족을 위한 동물적 행동만 하게 될 것입니다.

누구나 미래를 예측하는 능력이 있지만 각자 다른 길이의 시간 전망에 따라 사회적 성공 여부는 달라진다고 합니다. 단기적으로 보면 당장 급한 일들만 하고 큰일은 못하게 됩니다. 장기적으로 보면 큰일을 위해 지금의 작은 일을 해나가게 됩니다. 짧게 보는 사람은 작은 것을 많이 이룰 것입니다. 길게 보는 사람은 큰 것을 하나 이룰 것입니다. 당신은 어디를 보고 있습니까?

021

인생 코치

만약 당신이 일을 잘못 처리하고 있는 것이 명백한데 아무도 당신에게 한마디 해 줄 생각조차 안 한다면, 그거야말로 무언가 잘못된 것이다. 듣고 싶지 않은 소리일지라도, 당신을 비판하는 사람들이야말로 대부분 당신을 진정 사랑하고 아끼는 사람들이며 당신을 좀 더 발전시키고 싶은 마음을 가지고 있다.

—랜디 포시 · 제프리 재슬로, 〈마지막 강의〉 중에서

022

인내 습관

목표를 달성한 사람들, 성공한 사람들에게는 하나의 중요한 공통점이 있다. 바로 인내하는 습관이다. 아무리 화가 나도, 도저히 수긍하지 못해도, 죽을 만큼 힘이 들어도 꾹 참고 목표에 도달할 때까지 굳센 마음으로 초지일관하는 인내심이다. 막연한 두려움과 동요 그리고 조바심은 금물이다.

—전옥표, 〈습관부터 바꿔라〉 중에서

023

과거와 헤어지는 법

과거의 실수나 잘못, 짜증나는 일을 몇 번이고 떠올린다고 무엇 하나 바꿀 수 없으니 과거에 얽매일 필요 없다. 과거에 얽매여 사는 인생은 뒤를 보고 가는 인생이다. 여러분 중에는 자전거를 타거나 자동차를 운전하는 사람도 있을 것이다. 그때 뒤를 보고 타는 사람은 없다. 앞을 보고 탄다. (중략) 뒤를 보고 타거나 계속 뒤만 보고 있으면 앞으로 나아갈 수 없다.

–미즈모토 가즈야, 〈자꾸만 떠오르는 괴로운 과거와 헤어지는 법〉 중에서

024

친구 편식

사람들에게 완벽하게 보이려고 하면 할수록 사람들은 당신에게서 멀어진다. 사람들이 당신에게 호감을 갖고, 당신에게 자꾸만 다가서고자 하는 건, 당신 또한 자신과 같은 인간이라는 사실을 끊임없이 확인하는 작업을 통해 이루어진다.

–레일 라운즈, 〈사람을 얻는 기술〉 중에서

025

성공 사이클

사회적 · 개인적으로 큰 성공을 거둔 사람들은 충분히 풍족해진 이후에도 계속해서 일하고 생산하고 더 큰 성공을 일궈낸다. 세상 사람들은 놀라움과 의아한 시선으로 그들을 바라보면서 이렇게 질문한다. "왜 이제 그만 쉬지 않고 계속 몰아붙이는 거죠?" 답은 간단하다. 새로운 무언가를 실현하기 위해서는 노력이 계속되어야 한다는 것을 그들은 알기 때문이다. 원하는 목적이나 목표를 위한 사냥이 중단되면 성공의 사이클도 거기에서 끝나버림을 잘 알고 있기 때문이다.

–그랜크 카돈, 〈10배의 법칙〉 중에서

사람의 욕망은 끝이 없습니다. 하지만 의지와 노력은 끝이 있습니다. 욕망이 멈추어서 주저앉는 것이 아니라 주저앉기 때문에 욕망이 멈추게 되는 것입니다. 작은 성공에 만족하는 경우가 그렇습니다. 마음은 결코 만족하지 못하지만 더 이상 노력하는 것이 힘들기 때문에 의지를 꺾는 것입니다. 실패에 좌절해서도 안 되지만 작은 성공에 만족해서도 안 됩니다. 그 만족은 진짜 만족이 아니기 때문입니다.

큰 성공을 거둔 사람은 멈추지 않습니다. 성공은 성공으로 끝나지 않는다는 것을 알기 때문에 자전거 타기와 같이 페달을 계속해서 밟습니다. 멈추면 없어지기 때문에 더 노력하는데 사실은 같은 노력을 해도 갈수록 성과는 더 커집니다. 성공의 사이클이 만들어지면 복리 효과가 나타납니다. 기존의 성공에 성공을 더하게 되는 것입니다. 페달을 계속 밟으세요!

026

관계 정리

서로의 다른 점을 받아들이지 못해서 누군가와 끊임없는 갈등이 일어나지는 않은가? (중략) 관계를 끊는다는 건 고통스러운 일이지만 피할 수 없는 일을 계속 끌고 가는 것도 고통스럽기는 마찬가지이다. 건강하지 못한 관계에 작별을 고할 때(최대한의 예의를 갖추어) 두 사람 모두에게 새로운 경험의 문이 열린다는 것을 기억하라.

–모린 스턴스, 〈용기의 심리학〉 중에서

027

영원한 선택

당신이 무엇을 원하지 않는지, 하나를 선택함으로써 영원히 포기하게 되는 것은 무엇인지 알아야 한다. 전략들은 흔히 서로를 용납하지 않기 때문이다. 어떤 사람이 오페라 가수이면서 동시에 십 대 아이돌 가수가 될 수 없는 것과 마찬가지이다. 인생은 그 균형과 타협을 요구하지만 에고는 그것을 용납하지 못한다.

–라이언 홀리데이, 〈에고라는 적〉 중에서

028

모라벡의 역설

미래의 일자리에서 중요한 능력은 바로 인간이기에 가능한 능력이다. 제2의 기계시대에 살아남으려면 기계와 함께 일하면서도 기계와는 차별화되는 능력이 있어야 한다. 어떤 능력을 가져야 하나? '모라벡의 역설'이라는 말이 있다. 사람이 능한 것은 기계가 능하지 못하고, 사람이 능하지 못한 건 기계가 능해서 나온 말이다. 미국의 인공지능학자인 한스 모라벡이 제시하여 모라벡의 역설이라고 한다.

—선대인, 〈일의 미래: 무엇이 바뀌고 무엇이 오는가〉 중에서

029

베푸는 여유

한동안 사용하지 않았으며 앞으로도 쓸 일이 없을 것 같은 물건들을 한데 모으자. 당신에게 별 효용이 없는 이 물건들을 자선단체에 기증하라. 그것들이 다른 사람들의 인생에 가치를 더해줄 수도 있다. 풍요가 막힘없이 흐르도록 통로를 열어놓기 위해, 당신에게 남아도는 것들을 다른 사람에게 넘겨라.

—데이비드 사이먼, 〈나를 위한 행복한 구속, 다짐〉 중에서

030

거리 두기

이 세상에서 나를 힘들게 하는 사람들은 사실 우리가 '우리'라 부르는 사람들입니다. 무슨 관계가 있어 내 앞에 다가왔고, 그 관계가 깊어질수록 내 곁에 깊이 들어오는 사람들입니다. 어차피 '우리'라고 할 수 없는 사람은 나의 인생, 나의 세상과는 크게 관련이 없습니다. 그냥 남입니다. '우리가 남이가?'하는 사람만이 우리를, 아니 나를 기쁘게도 하고 슬프게도 할 수 있습니다.

–임춘성, 〈거리 두기〉 중에서

마음의 상처나 스트레스는 대부분 사람들로부터 받습니다. 그것도 '우리'라 부르는 가까운 사람들로부터 입니다. 어떤 사람과 가까워지면 내 나름대로 어떤 기대를 하게 되고, 내 생각에 따라 통제하려고 합니다. 하지만 다른 사람은 내 뜻대로 움직여 주질 않습니다. 내 기대와는 다른 행동을 하고, 내 말을 잘 듣지도 않는 것입니다. 심지어 생각지도 못한 말을 해서 상처를 주기도 합니다.

다른 사람은 절대로 나의 생각대로 바뀌지 않습니다. 힘이 있는 사람이나 사랑하는 사람 앞에서 잘 보이려고 생각과는 다른 행동을 할 수는 있습니다. 하지만 내심까지 변하는 것은 아닙니다. 다른 사람은 내가 아닙니다. 기대도 낮추고 통제하려는 생각도 접어야 합니다. 적당한 거리를 두어야 합니다. 그 이상을 침범하지 않을 때 '우리' 관계가 좋은 관계로 유지될 수 있습니다. 거리가 있습니까?

031

나를 지배하는 나

일의 성과만을 중시하는 사회에서는 자신이 하고 싶은 대로 하며 살 수 없다고 한탄하는 사람들의 소리를 나는 자주 듣는다. 그러나 좀 더 자세히 캐물으면 그들이 사회의 잣대를 받아들였음이 분명해진다. 그들은 자유를 원하면서도 그 삶을 계속 유지하길 바라고, 돈도 충분히 벌고 싶고 다른 사람에게서 인정도 받고 싶어한다. 물론 자신의 자유를 일방적으로 요구할 수는 없다.

–안젤름 그륀, 〈너 자신을 아프게 하지 말라〉 중에서

032

주변 사람

사람은 홍수나 지진 같은 천재지변으로 어려움을 당하는 경우도 있지만, 그 불행의 대부분은 인간관계에 달려 있다고 할 수 있다. 따라서 자신의 앞날이 어떻게 될지 궁금하면 점쟁이를 찾아갈 것이 아니라 지금 내 곁에 가까이 있는 사람들이 어떤 이들인지 찬찬히 살펴보는 것으로 충분하다.

–진현종, 〈살다가 막막하다고 느껴지는 순간〉 중에서

033

무시해라

사람이 처한 어려움은 본인이 허락하지 않는 한, 결코 의식을 온통 점유할 수 없다. 문제는 청하지 않은 손님과 같다. 손님에게 예의를 갖추되 분명하게 지금은 초대할 수 없다고 말하면 된다. 그러면 보통은 손님이 가버린다. 그럼에도 머물러 있다면 무시하면 된다. 그를 공기처럼 취급하며 다른 것에 주의를 기울여라. 문제도 그와 같이 대할 수 있다.

–토마스 호엔제, 〈평정심, 나를 지켜내는 힘〉 중에서

034

꿈 실현하기

꿈을 실현하는 사람과 그렇지 못한 사람의 차이는 그 사람의 역량이 다르다는 것에 있다. 꿈을 실현하지 못하는 사람은 자신의 꿈을 담을 역량을 만들지 못한 사람이다. 역량이란 기회가 왔을 때 그것을 받아들이는 그릇을 말한다. 꿈을 이루려면 그릇이 필요하다.

–오하라 케이코, 〈부자가 되는 15가지 사소한 습관〉 중에서

035

거인 되기

우리는 누구나 꿈을 간직하고 있다. 마음속 깊은 곳에서 울려 나오는 소리에 귀를 기울여 보라. “나는 남 다른 재능을 가지고 있어. 나는 뭔가 남들과 달라. 특별한 방식으로 사람들을 감동시킬 수 있고, 세상을 멋진 곳으로 만들 수도 있어.” 변화를 원하지 않는 사람은 운명이 있다고 믿고, 변화를 원하는 사람은 기회가 있다고 믿는다.

–앤서니 라빈스, 〈네 안에 잠든 거인을 깨워라〉 중에서

036

브레이크

요즘 직장인들에게 필요한 것은 ‘엑셀을 밟는 기술’이 아니라 오히려 ‘브레이크를 거는 기술’입니다. 모든 사람들이 일상적으로 교감신경만 자극하고 있기 때문에 이제 엑셀을 밟지 않아도 큰 문제는 없습니다. ‘앞으로 나아가자’, ‘위로 올라가자’며 마음 졸이지 말고, 주변으로 시선을 돌리고 속도를 줄여 느긋하게 가는 기술을 익혀야 합니다.

–고바야시 히로유키, 〈하루 세 줄, 마음정리법〉 중에서

037

긍정의 태엽

“사람의 마음은 끊임없이 동력을 소모하는 시계와 같다. 매일같이 긍정적인 사고로 태엽을 감아주어야 한다.” 대주교 풀턴 쉰(Fulton Sheen)의 이 말에 나는 큰 감명을 받았다. 우리는 하루하루를 부정적인 사고나 행동의 영향에 둘러싸인 채 보낸다. 그렇기에 긍정적인 생각으로 마음을 채우고 있는지 수시로 점검할 필요가 있다. 자칫하다가 부정적인 생각의 물결에 휩쓸릴 수 있으니 말이다.

–돈 에직, 〈반짝반짝 빛나는 인생〉 중에서

038

All or Nothing

세상에 존재하는 인간 중에 100퍼센트 성인군자는 없다. 인간이라는 불완전한 존재를 100퍼센트 믿는다면 문제가 일어나는 게 당연하다. 반드시 배신당하게 된다. 그러고 나면 ‘인간은 100퍼센트 믿을 수 없다’는 태도로 완전히 돌아서게 된다(특히 인격장애인 사람에게는 그런 ‘All or Nothing’ 경향이 현저하다).

–이즈미야 간지, 〈뻘을 가지고 살 권리〉 중에서

039

소중한 당신

비교라니요?

당신을 우주에 딱 한 명만 존재하게 하기 위해 신은 며칠 밤을 끙끙 앓으셨답니다.

–박민우, 〈가까운 행복 tea bag〉 중에서

신의 존재를 믿지 않을 수도 있겠지만 세상에 '나'라는 사람이 단 한 명이란 건 분명한 사실입니다. 세상에 단 하나밖에 없기 때문에 소중한 존재입니다. 우리가 스스로 소중함을 잃게 되는 것은 남과 자신을 비교하면서부터 입니다. 상대평가를 통해 나의 가치를 낮춰버립니다. 반대로 내가 높아질 수도 있지만 세상 꼭대기까지 올라갈 수는 없는 것입니다.

하지만 우리 모두는 소중한 존재입니다. 비교 평가가 절대 불가능한 단 하나의 존재입니다. 그리고 각자는 존재의 목적이 있습니다. 문제는 그 존재의 목적을 찾지 못할 때 불행이 시작된다는 것입니다. 남이 하는 일과 나의 일을 비교하면서 우열을 가리게 됩니다. 이 세상에서 내가 그리고 나만이 해야 하는 일이 반드시 있습니다. 그 일을 찾아서 할 때 우리는 비로소 소중한 존재로서 목적을 다할 수 있습니다.

040

끈질겨라

조직이든 개인이든 경쟁에서 성공하는 가장 궁극적인 성공 조건은 한 가지 계획을 전심전력을 다해 실행하는 것이다. 현재 당신 앞에 놓인 가장 큰 도전거리는 새로운 계획을 만들어내는 일이 아니다. 오히려 현재의 계획을 고수하고 끈질기게 물고 늘어져야 한다.

–리 J. 콜란, 〈끈질김이 이끄는 성공〉 중에서

041

거장의 휴가

"첫째 주는 푹 잤고, 둘째 주에는 친구들과 만나 수다를 떨었고…, 셋째 주부터는 다시 새 악보 연습에 몰입했어요."
세계적인 바이올리니스트 장영주가 수년 만에 한 달 휴가를 보낸 후 한 말….

–서광원, 〈시작하라 그들처럼〉 중에서

042

생각 창조

환경이 사람을 만드는 게 아니다. 환경은 자신의 모습을 비춰 주는 거울과 같다. 사악한 마음이 없는데도 악과 불행의 구덩이로 떨어지거나, 고결한 열망으로 꾸준히 수양을 쌓지 않았는데도 높은 미덕과 지순한 행복에 도달하는 일은 있을 수 없다. 사람은 생각의 주인이며 지배자이기에 자신을 창조하고 환경을 만들어 가는 존재인 것이다.

–제임스 앨런, 〈생각의 법칙〉 중에서

043

작은 목표

자동차, 휴가, 보트 및 기타 돈이 많이 드는 품목들이 효과가 좋기는 하지만 그것들을 손에 넣을 만큼의 돈을 모으기까지는 여러 해가 걸릴 수도 있다. 그보다 작은 단기 인센티브도 당신이 의욕을 잃지 않도록 하는 데에 대단히 효과적일 수 있다. 예컨대 자전거, 옷, 주말여행, 신발, 장난감 같은 것들이 당신을 계속 목표에 매진하도록 만드는 데 필요한 것일 수도 있다.

–마크 맥키언, 〈고존으로 승부하라〉 중에서

044

추억 만들기

많은 전문가는 행복해지고 싶으면 물건을 사지 말고 추억을 사라는 이야기를 한다. 같은 돈이면 물건을 사지 말고 여행을 떠나거나 색다른 경험을 하라는 뜻이다. 물건으로 얻은 행복은 금방 사라지지만 추억으로 남는 행복은 생각했던 것보다 훨씬 오래간다. 그래서 아빠들은 아이들과 얼마나 많은 추억을 만들고 있는지 돌아봐야 한다.

–문은식, 〈새우잠자도 고래꿈꾸는 아빠〉 중에서

045

하나 빼기

우리에게 주어진 시간과 에너지는 한정되어 있다. 그것을 너무 넓게 펼치려 애쓰다 보면 노력은 종잇장처럼 얇아진다. 사람들은 일의 양에 따라 성과가 점점 더 쌓이기를 바라는데, 그렇게 하려면 '더하기'가 아닌 '빼기'가 필요하다. 더 큰 효과를 얻고 싶다면 일의 가짓수를 줄여야 한다.

–게리 켈러 · 제이 파파산, 〈원씽 THE ONE THING〉 중에서

046

휴식의 원리

휴식의 원리는 매우 간단하다. 그냥 쉬면 된다. 특별한 방법이나 절차는 필요 없다. 사실 호흡에도 크게 신경 쓸 필요가 없다. 호흡에 집중하면 신체적 감각이 떨어지고, 머릿속과 몸이 텅 빈 것 같은 무아지경을 경험하는데, 어떤 이들에게는 이처럼 공중에 붕 뜬 것 같은 기분이 낯설고 당황스러울 수 있다. 그런 사람들은 그냥 소파에 편하게 앉거나 침대에 누워서 멍한 상태로 있는 것 자체만으로도 불안감 해소에는 큰 도움이 된다.

–리쯔쉰, 〈과잉 근심〉 중에서

047

하늘 날기

"어떻게 하면 나비가 되죠?"
"날기를 간절히 원해야 돼.
하나의 애벌레로 사는 것을
기꺼이 포기할 만큼 간절하게."

–트리나 폴러스, 〈꽃들에게 희망을〉 중에서

048

멘토 친구

두 사람은 한 사람보다 강하다. 그리고 서로에게 헌신하는 두 사람은 열 사람보다 강하다. 우리는 모두 실수하고 때로는 실패하기도 한다. 만일 인생을 홀로 살아가게 된다면 실패할 때 다시 일어서기가 힘들 것이다. 그러나 좋은 친구들과 함께 인생을 살아간다면, 그대가 일어날 수 없을 때 누군가 반드시 그곳에서 그대를 도와줄 것이다.

–존 맥스웰, 〈프렌즈: 영원한 멘토, 나의 친구〉 중에서

세상에서 가장 소중한 사람은 나를 알아주는 사람입니다. 나를 인정해주고 격려해 줄 수 있는 사람입니다. 그리고 무엇보다도 나를 있는 그대로 받아주는 사람입니다. 서로가 서로를 있는 그대로 보고 나의 마음대로 하려고 하지 않는 것입니다. 그러면 어려울 때 진정으로 상대방을 도와줄 수 있습니다. 상대방을 주관적인 자기방식으로 대한다면 결코 상대방의 입장에서 문제의 해결책을 찾아 줄 수 없기 때문입니다.

10년을 사귄 친구와는 눈빛만으로도 서로 무슨 생각을 하고 있는지 알 수 있다고 했습니다. 여러분도 10년을 사귄 친구가 있나요? 지나간 세월을 되돌려 친구를 사귈 수는 없습니다. 다만 지금부터 한 친구에게 내가 먼저 노력하는 것이 필요합니다. 친구 간의 친밀도에 반드시 긴 세월이 필요한 것은 아니니까요.

049

분노 관리 계획

분노 관리 계획을 세워보세요. 분노가 느껴지는 전구 증상을 파악하고, 그 느낌이 드는 순간의 행동을 미리 정해두는 겁니다. 냉수 마시기, 자리 피하기, 복식호흡, 정 안 되면 5분 있다가 화를 내겠다는 마음으로 분노를 미뤄두는 것도 한 방법입니다. 조절하기 힘든 분노가 일어났을 때 어떻게 대처할지 정해서, 자동적으로 실행될 수 있도록 평소에 연습해두세요.

–김병수, 〈감정의 온도〉 중에서

글을 읽고 나서 여러분만의 경험과 생각, 느낌을 자유롭게 적어 보세요!
직접 작성한 글은 카카오톡 플러스친구 "리텍콘텐츠"로 보내주시거나 인스타그램에 #책속의명언300 #리텍콘텐츠 해시태그와 함께 올려주세요. 보내주신 소감은 출판사 및 저자 SNS 계정을 통해 다른 독자들과 함께 나누고 다섯 분을 선정하여 저자 데뷔작 "쉿! 나를 깨우세요" 사인본을 보내드립니다~!

050

기억 쓰레기

이 호흡과 마찬가지로 망각이 먼저여야 한다. 쓸데없는 것을 잊지 않으면 새로운 사고를 할 수 없기 때문이다. 새로운 기억에 방해가 되고, 마음의 활동에도 악영향을 끼친다. 특히 중노년이 되면 필요 없는 정보나 오래전에 유통 기한이 지난 지식 등 '기억의 쓰레기'가 쌓인다. 싫은 기억도 달라붙어 있을지 모른다.

이것을 대청소하지 않으면 두뇌의 활동이 둔해진다.

–도야마 시게히코, 〈자네 늙어봤나, 나는 젊어봤네〉 중에서

051

행복 도둑

화를 내는 사람만 불행해지거나 죽는다면 '자기 멋대로 화내서 불행해지거나 죽어도 상관없습니다.'라고 말할 수 있지만, 그렇지가 않습니다. 화를 내는 사람들은 주위의 사람들에게 수많은 폐를 끼치고 있습니다. 인간은 행복을 위해서 필사적으로 노력하는데 이런 사람들이 모두의 행복을 한순간에 빼앗아 버리는 행복도둑입니다.

–알루보물레 스마나사라, 〈화를 다스리면 인생이 달라진다〉 중에서

052

탓 벗어나기

자기 탓과 남 탓 모두 그리 생산적이지 못하다. 자기 탓은 우리를 마비시키고, 허탈하게 만들고, 짓누른다. 남 탓은 다툼의 상대자와 끝도 없는 싸움을 벌이게 한다. 양쪽 모두 인지 왜곡의 모든 경우에 해당하는 부정적 생각이 넘치게 한다. 남 탓과 자기 탓의 유일한 차이라면, 자기 자신을 탓할 때에는 인지 왜곡의 초점이 남이 아니라 자기를 향한다는 정도뿐이다.

–데이비드 번즈, 〈관계 수업〉 중에서

053

오늘을 잡아라

인디오 부족 중에는 '현재형'만 사용하는 부족이 있다.
'잠에서 깬다' '사냥하러 간다'
'먹는다' '배부르다' '잔다'
이렇게 그들의 하루는 유유히 흘러간다.
그들의 말에는 '과거형'도 없고, '미래형'도 없다.

–다쿠 가와모토, 〈내일을 걱정하지 마라〉 중에서

054

행복 열쇠

행복과 자유에 이르는 비밀은 나의 의지를 현명하게 사용하는 일과 내가 갖고 있는 것, 내게 생기는 것만을 원하는 것과 같은 작은 것에 존재한다. 달리 말하여 나의 힘과 능력을 넘어서는 것을 원하지 않는 것이다. 그러한 행복의 비밀은 많은 사람들이 무심코 지나치는 매우 단순한 것에 있다.

―필립 반 덴 보슈, 〈행복에 관한 10가지 철학적 성찰〉 중에서

055

고통 안기

음식이 맛있다고 느끼는 것은 배고픔이라는 고통이 줄어드는 과정에 지나지 않는다. 그렇다면 배고픔의 고통이 없는 사람에게는 맛있는 음식이 있을 수 없지 않을까? 인생도 이와 마찬가지다. 고통에서 도망만 다니는 사람은 결코 인생의 즐거움을 맛볼 수 없다. 그렇기 때문에 의욕이 없거나 비겁한 사람은 인생의 진정한 행복과 인연이 없는 것이다.

―타카모리 켄테스, 〈내 인생의 꽃다발〉 중에서

056

타인의 마음

함정은 '만약 당신이 나를 사랑한다면, 내가 무엇을 필요로 하는지 알고 있어야 한다. 당신이 내가 원하는 것을 해주지 않는 것은 고의적으로 하지 않는 것이고, 나를 사랑하지 않는다는 증거다'라는 생각이다. 이렇게 생각하는 사람은 연인이나 배우자가 원하는 것을 해주지 않으면 애정이 없다고 비난한다. 자신이 뭘 원하는지 상대방이 전혀 예측하지 못할 거라는 생각은 하지 못한다.

–배르벨 마르데츠키, 〈너는 나에게 상처를 줄 수 없다〉 중에서

057

친구 감별법

성공한 사람들은 '인생을 함께할 수 있는' 친구와 '지위로 인해 생긴' 친구가 있다는 사실을 알게 된다. 인생을 함께할 수 있는 친구는 내 지위가 낮을 때나 높을 때나 아무 지위가 없을 때나 나와 함께한다. 이런 친구는 진정으로 나를 걱정하고 나와 함께하는 시간을 즐거워한다.

–켄트 케이스, 〈그래도〉 중에서

058

일단, 시작하기

무언가를 해야만 하는 상황인데 하기 싫은 일이라면 일단 자신과 어떻게 하겠다는 약속을 하십시오. 그리고는 그것에 대해 잊으십시오. 그러고 나서 약속된 시간이 되면 그것을 시작하십시오. 그러면 당신은 걱정은 덜 하면서도 더 많은 일을 하게 될 것입니다.

–지그 지글러, 〈시도하지 않으면 아무것도 할 수 없다〉 중에서

하기 싫은 일은 생각할수록 더 하기 싫고 스트레스만 받습니다. 그렇기 때문에 무슨 일이든 일단 시작하는 것이 중요합니다. 시작이 어렵기 때문에 시작이 반이라는 말도 있습니다. 지금 당장 일을 시작하기 어렵다면 스스로 약속을 정해 그때 무조건 하는 것도 방법입니다. 어떻게든 시작만 할 수 있다면 시간이 지나면서 일에 적응도 되고 탄력도 생겨서 그 일이 수월해질 수 있기 때문입니다.

많은 생각과 고민은 일의 시작을 더 어렵게 만듭니다. 그래서 일을 미루게 되고 미룬 일이 쌓이면 정말로 중요한 일은 시작하지도 못하게 됩니다. 시작한 일이 없으니 성과도 없는 것은 당연합니다. 성공하는 사람은 일을 시작하는 사람입니다. 어렵고 싫은 일도 일단 시도해보는 사람입니다. 시도하지 않으면 성공도 실패도 어느 것도 할 수 없습니다.

059

내 맘대로 편집기

우리는 외부에서 입수한 정보를 머릿속에서 자신이 편리한 대로 편집한다. 이 때문에 사람들은 각각 다른 의견을 갖게 된다. 불자로서 보면 모든 의견은 외부에서 들어온 정보를 머릿속에서 편집한 결과에 지나지 않는다. 무엇이 옳고, 무엇이 그르다고 할 수 없다. 그런데 우리는 자신의 의견을 만드는 순간 자동적으로 '내 의견이 옳다'고 생각하면서 거기에 집착하는 습관을 갖고 있다.

–코이케 류노스케, 〈나쁜 마음 버리기 연습〉 중에서

060

가진 것

네가 갖고 있지 않은 것들에 대해 마치 이미 갖고 있는 양 연연해하지 마라. 오히려 네가 가진 것들 중에 가장 값진 것들을 골라, 만약 네가 그것들을 갖지 못했더라면 얼마나 그것들을 갈망했을지 생각해보라. 그러나 아무리 좋아도 그것들을 과대평가하는 버릇이 들지 않도록 조심하라. 언젠가 그것들이 없어지면 너는 안절부절못하게 될 테니까.

–마르쿠스 아우렐리우스, 〈명상록〉 중에서

061

메모 습관

그런데 놀랍게도 퍼스트클래스에서 근무할 때는 펜을 빌려달라는 부탁을 받은 적이 단 한 번도 없다. 갖고 있던 펜이 잉크가 다 떨어져서 빌려야 했던 승객은 있었지만, 아예 펜을 가지고 있지 않으니 빌려달라는 부탁을 받은 적은 없었다. 퍼스트클래스의 승객들은 항상 메모를 하는 습관이 있기 때문에 모두 자신만의 필기구를 지니고 다녔다.

—미즈키 아키코, 〈퍼스트클래스 승객은 펜을 빌리지 않는다〉 중에서

062

인연 비만

현대인은 지나치게 타인과 연결되어 있으려고 한다. 타인과 인연을 맺는 데 필사적이다. 바로 인연을 파는 장사에 휘둘린 결과다. 돈을 내고 인연을 맺는 것은 돈을 내고 먹는 것과 같다. 공복은 비정상이기 때문에 계속 먹어야 한다고 착각하고 있는 것이나 마찬가지다. 그래서 현대인은 '인연의 비만 상태'에 빠져 있다.

—모리 히로시, 〈고독이 필요한 시간〉 중에서

063

비교를 멈춰라

누군가가 "당신은 행복하세요?"라고 물으면 주위 사람들이 어떻게 사는지 둘러보고 나서 그들보다 잘사는 것 같으면 행복하다고 대답할 것이다. 그러므로 행복해질 수 있는 한 가지 비법은 비교 대상을 바꾸는 것이다.

—프랜시스 타폰, 〈너만의 길을 가라〉 중에서

경쟁사회는 상대평가가 이루어지는 사회입니다. 나의 절대적인 가치나 기준보다는 사회적 가치나 기준에 따라 내가 평가됩니다. 따라서 주변 사람을 꼭 뛰어 넘어야 내 평가가 올라갑니다. 다른 사람보다 많은 것을 이루고 많은 것을 소유해야 좋은 평가를 받고 거기에서 행복을 느낍니다. 반대의 경우 불행을 느끼고 그것을 극복하기 위해 투쟁합니다. 때로는 정당하지 못한 방법을 사용하기도 하고 그냥 자포자기하기도 합니다.

나의 행복은 남이 대신해주지 않습니다. 남보다 더 잘 났다고 더 행복한 것도 아닙니다. 국가행복지수를 보면 우리나라보다 훨씬 더 못사는 나라의 국민이 더 높은 만족도를 느끼는 경우도 있습니다. 우리가 불행할 것이라고 생각하는 사람들이 더 행복하게 살고 있습니다. 그러면 우리는 그들보다 경제적으로 잘 산다는 것만으로 행복할 수 있을까요? 이제 비교를 멈추세요. 행복은 다른 사람 위로 자라는 나무가 아니라 내 안에서 자라는 나무입니다. 그러니 다른 사람의 나무에 신경 쓰지 말고 내 나무에 물을 주세요. 그것이 크든 작든 내 행복나무를 키우는 길이니까요.

064

변명 버리기

우리는 살면서 겪는 일에 책임을 지는 법을 배워야 합니다. 책임을 지거나 안 지거나 둘 중 하나입니다. 중간지대란 없습니다. 누구에게나 어려움이 있고 문제가 있습니다. 성공은 그러한 어려움과 문제를 해결하는데 있습니다. 성공하고 싶다면 자신 외의 다른 사람에게 손가락질할 생각은 마십시오. 누군가 '그래 맞아. 내 책임이야' 하고 나서기 전까지는 상황은 바뀌지 않습니다.

–덱스터 예거 외, 〈끝없는 추구〉 중에서

065

내 탓이다

당신의 삶은 당신 스스로 만들고, 선택하고, 책임져야 할 것입니다. 그렇다면 누가 이 모든 불평불만을 만들었습니까? 당신이 분개하기로 선택한 이 모든 상황은 누가 만들었을까요? 바로 당신 자신입니다. 그렇다면 누구에게 불평해야 할까요? 무엇을 위해서 그래야 하는 것일까요? 우리가 그것을 끌어당겼고, 그래서 우리가 그런 상황을 맞게 된 것입니다.

–비탈리 기베르트, 〈미래 모델링〉 중에서

066

타인의 인생

인정받기를 바란 나머지 '이런 사람이면 좋겠다'는 타인의 기대를 따라 살게 되지. 즉 진정한 자신을 버리고 타인의 인생을 살게 되는 거라네. 기억하게. 자네가 '타인의 기대를 만족시키기 위해 사는 것이 아니다'라고 한다면, 타인 역시 '자네의 기대를 만족시키기 위해 사는 것이 아니다'라는 걸세. 상대가 내가 원하는 대로 행동하지 않더라도 화를 내서는 안 돼. 그것이 당연하지.

—기시미 이치로 · 고가 후미타케, 〈미움 받을 용기〉 중에서

067

준비된 나

"현재 당신의 위치가 영원할 것이라고 생각하지 말라. 항상 눈을 뜨고 기회가 찾아왔을 때 도움이 될 자질을 자신의 인간성에 추가하라. 언제 어느 때 기회가 찾아와도 당황하지 않도록 항상 준비해 두어라. 사람은 자기 마음에 그린 것을 끌어당긴다는 것을 잊지 말라. 당신이 기회를 찾는다면, 분명히 찾아진다."

—데론 Q. 듀몬, 〈집중의 법칙〉 중에서

068

이루어질 것

이루어질 것은 이루어지고
이루어지지 않을 것은 이루어지지 않는다

당연한 말 같지만 이해하기 쉬운 말은 아니다. 우리는 이루어지지 않을 일도 이루어진다고 믿고, 고민을 하고 애를 쓴다. 그 결과 불평불만과 푸념으로 불화가 생기고 자신은 물론 주위 사람의 마음까지 어둡게 만든다. 서로가 상처를 받으면 함께 살아가기 힘들다. 이루어지지 않을 것을 이루려고 하기 때문이다.

–마쓰시타 고노스케, 〈이루어질 것은 이루어진다〉 중에서

069

장애물 제거

위대한 사람이란 다른 사람이 갖지 못한 특별한 무언가를 가진 사람이 아닙니다. 그는 단지 가장 뛰어난 자신을 드러내는 데 장애물이 되는 것들을 제거해 버렸을 뿐입니다.

–엘리자베스 퀴블러 로스 · 데이비드 케슬러, 〈인생수업〉 중에서

070

'척' 하지 않기

감정을 억누르거나 가장하는 것은 우리 자신뿐 아니라 다른 사람들도 불행하게 만든다. 행복하지 않으면서 행복한 척하면 우울증을 부추긴다. 우리가 아주 잘 지내고 있는 것처럼 가장하면 상대방은 우리를 보면서 더욱 불행하게 느끼고 그 자신이 느끼는 고통 또한 숨기려고 한다.

–탈 벤–샤하르, 〈완벽의 추구〉 중에서

071

행복 전략

우리가 지금 가질 수 없는 것을 원할 때 고통스러워진다는 걸 모르는 사람은 없다. 그런데 왜 생각의 방향을 바꿔서, 지금 가진 것을 원하겠다고 결심하지 못하는 걸까? 내 말이 이상하게 들리는가? 그럼 다시 생각해 보자. 우리가 불행한 것은 우리가 갖지 못한 것을 바라기 때문이다! 너무 간단하지 않은가? 그렇다면, 우리가 가진 것을 원하지 못할 이유가 어디에 있을까?

–바바라 버거, 〈불안한 나로부터 벗어나는 법〉 중에서

072

후회 회피

조사에 따르면, 사람들은 단기적으로는 실패한 행위에 강한 후회의 감정을 느끼지만, 장기적으로는 하지 않았던 것을 후회하며 통탄스러워 하는 것으로 드러났다. 이러한 사실은 마크 트웨인(Mark Twain)의 다음과 같은 격언을 뒷받침해준다.

"20년이 지나면 했던 일보다
하지 않았던 일들을 후회하게 된다."

–개리 벨스키 · 토마스 길로비치, 〈돈의 심리학〉 중에서

행동 경제학자들이 말하는 '후회 회피(regret aversion)'라는 개념이 있습니다. 사람들이 아무것도 하지 않는 것보다 무언가를 해서 보다 커다란 책임이 따르는 것, 즉 후회의 감정을 최대한 회피한다는 것입니다. 어떤 일을 했다가 잘못 되어 후회할까 두려워 아무것도 안 하는 것은 더 큰 문제입니다. 하지만 길게 보았을 때, 곧 인생을 다하는 시점에서 사람들은 무언가를 하지 않았다는 것을 가장 많이 후회한다고 합니다.

지금 무언가를 시도해서 실패한다면 실망하고 좌절하고 후회할 수 있습니다. 하지만 그것을 두려워해서는 안 됩니다. 긴 인생에서 보면 그러한 도전과 실패 없이 성공도 없기 때문입니다. 당장은 괴로워도 실패의 후회를 견뎌낼 때 더 큰 후회를 하지 않게 될 것입니다. 혹시 후회의 두려움으로 아무것도 하지 않고 있나요? 바로 그 사실을 후회하지 않으려면 지금 바로 무언가를 하세요.

073

현명한 선택

우리도 이미 선호하는 것을 지지해주거나 이전에 내린 선택을 옹호해주는 정보를 수용하며 그와 똑같은 행동을 저지르곤 한다. 어쨌든 자신의 의견에 도전하기보다는 정당화하는 것이 더 기분 좋은 일이다. 장점만 생각하고 나쁜 점은 마음 뒤쪽으로 밀쳐내는 것이 훨씬 마음 편하다. 하지만 가장 현명한 선택을 하려면 스스로 불편함을 겪겠다는 마음을 먹어야 한다.

–쉬나 아이엔가, 〈선택의 심리학〉 중에서

글을 읽고 나서 여러분만의 경험과 생각, 느낌을 자유롭게 적어 보세요!
직접 작성한 글은 카카오톡 플러스친구 "리텍콘텐츠"로 보내주시거나 인스타그램에 #책속의명언300 #리텍콘텐츠 해시태그와 함께 올려주세요. 보내주신 소감은 출판사 및 저자 SNS 계정을 통해 다른 독자들과 함께 나누고 다섯 분을 선정하여 저자 데뷔작 "쉿! 나를 깨우세요" 사인본을 보내드립니다~!

074

탁월한 습관

스포츠 분야에서 탁월한 선수들이나 예술 분야 혹은 다른 분야에서의 거장들이나 대가들은 하나같이 이런 질문을 받는 경우가 있을 것이다.

"무슨 재미로 사세요?"

그렇다. 어떤 분야에서든 오랫동안 거장이 되고, 대가가 되고, 최고의 선수가 되는 사람들은 모두 탁월한 습관을 가지고 있다. 그런데 탁월한 습관이 의미하는 것은 보통사람들이 보기에는 재미없고, 화려하지 않고, 너무나 단순하고 소박하고 변함없는 습관이다.

—김병완, 〈뜨거워야 움직이고 미쳐야 내 것이 된다〉 중에서

075

내 안의 벽

목표와 결승점은 미래를 바꾸기 위해서가 아니라 현재를 바꾸기 위해 있는 것이다. 목표와 결승점을 가짐으로써 어려움 없이 벽을 알아내고, 벽의 뿌리에 숨겨져 있던 오해와 편견, 착각을 드러낼 수 있다. 그것은 당신을 가장 솔직한 모습으로 되돌리고, 그럴수록 당신의 운도 상승할 것이다.

—야마자키 다쿠미, 〈운이 당신이다〉 중에서

076

인맥의 덫

선천적인 인맥은 더는 인맥이 아니다. 선천적으로 맺어진 혈연, 지연 등과 자신의 노력이 가미되지 않은 학연 등은 개인에게 노력을 경주하게 만들기보다 모든 일을 안일하게 대처하도록 하는 결과를 불러온다. 지금 자신의 주위를 둘러보라. 혹, 직장 동료나 고향 친구들만 있지 않은가?

–김영안, 〈인맥을 끊어라〉 중에서

077

틀어박히는 힘

자기 내면의 목소리에 집중하는 '틀어박히는 힘'은 의식하고 집중하지 않으면 쉽게 할 수 없습니다. 친구와의 술자리나 연인과의 데이트도 좋지만, 때로는 혼자만의 시간을 갖는 것, 외부의 잡음을 차단하고 자기 자신의 내면에 깊이 파고드는 것, 이것은 굉장히 고독하고 힘든 작업이기는 합니다만, 당신의 미래를 뒤바꿔 놓을 수도 있는 중요한 일입니다.

–이치무라 요시나리, 〈틀어박히는 힘〉 중에서

078

자신 낮추기

피해의식이란 자기보호 심리에서 생기는 것입니다. '나는 길거리에 핀 풀 한포기와 같다' 이렇게 생각해서 자신이 별 게 아닌 줄 알면 세상사에서 상처 받을 일이 없어요. 자기가 특별한 존재라고 생각하기 때문에 갈등이 생기고 상처가 생깁니다.

–법륜, 〈참자유〉 중에서

079

옆 산

나를 부정하고 내가 좋아하는 것을 뒤로 하고 앞만 보고 달리는 것은 내가 올라가야 할 산을 두고 옆 산을 오르는 것과 같다. 정상에 가서야 깨닫는다. 내가 올라오고 싶었던 산은 이 산이 아니었는데, 라고. 어렵사리 취직했는데 일이 즐겁지 않고, 자꾸 퇴근시간만 기다리고 있고, 가끔씩 '내가 여기서 뭘 하고 있는 거지'라는 생각을 하고 있는가? 그렇다면 당신도 옆 산을 올라온 것이다.

–장민수 · 장진수, 〈어금니 꽉 깨물고〉 중에서

080

가짜 꿈

때때로 포기는 앞으로 나아가기 위한 유일한 방법이다. 막연한 긍정적 사고보다는 현실적으로 생각하면서 심리적 외상의 결과를 받아들일 때, 궁극적으로 더 나은 인생을 살 수 있는 목표를 설정하고 성취할 수 있도록 해주는 진정한 희망으로 가는 길이 열릴 수 있다.

–데이비드 펠드먼 · 리 대니얼 크라비츠, 〈슈퍼서바이버〉 중에서

081

말 단속

가장 파괴력이 강한 무기는 사람을 다치게 하는 창이 아니다. 성벽을 무너뜨리는 공성포가 아니다. 사람의 입에서 나오는 말이다.

말은 핏자국 한 점 남기지 않고 인생을 망가뜨릴 수 있으며, 말로 인해 생겨난 상처는 결코 아물지 않는다.

그러니 우리는 혀를 잘 간수하고 말의 노예가 되지 않도록 해야 한다.

–파울로 코엘료, 〈아크라 문서〉 중에서

082

인복 만들기

좋은 사람이 없다고 한탄만 할 일이 아니다. 신용이 있는 사람에게 돈이 모이듯 사람을 좋아하고 사람을 대접할 줄 아는 사람에게 사람들이 몰려들게 되어 있다. 이것을 지극이라 부른다. 지극한 사람은 인복이 있다. 지극함이 사람의 마음을 얻는 최고의 처세술이기 때문이다.

—구본형, 〈사람에게서 구하라〉 중에서

물은 낮은 데로 고입니다. 자기를 낮추는 겸손한 사람에게 사람이 모여들고 거만한 사람에게서는 사람이 떠나갑니다. 겸손한 사람은 다른 사람들을 지극하게 대합니다. 결코 무시하거나 홀대하지 않습니다. 그리고 항상 상대방의 입장에서 생각하고 그 마음으로 상대방을 대합니다. 그런 대접을 받는 상대방은 자연스럽게 그 사람을 좋아하게 될 것입니다.

인간관계 최고의 법칙은 '남이 나에게 해주기 바라는 대로 남에게 해주어라'입니다. 상대가 원하는 것을 해주는 데 싫어할 사람이 있을까요? 하지만 상대방이 원하는 것은 어떻게 알 수 있을까요? 그 방법은 바로 경청입니다. 상대방의 마음을 읽는 것은 그 사람의 말을 들음으로써 가능합니다. 내 말만 하지 말고 상대방의 말을 귀 기울여 들을 때 그가 원하는 것을 알 수 있습니다. 그리고 그대로 해주기만 하면 됩니다.

083

지나가리라

모진 훈련을 견뎌내고 자신과의 싸움에서 이겨 세계 정상에 올랐던 이들은 한결같이 "이 또한 지나가리라"를 훈련의 모토, 삶의 좌우명으로 삼는다고 한다. (중략) 하지만 진정한 승자는 정상 등극의 기쁨과 그 환호와 환희의 순간 역시 지나가리라는 것을 알고 있어야 한다. 그 환희와 환호를 강물처럼 흘려 보내지 않으면 다음 번의 승리는 사실상 물 건너간 것이나 마찬가지다. 왜냐하면 그 환희와 환호에 취해 더는 나아가지 못할 것이기 때문이다.

—정진홍, 〈마지막 한 걸음은 혼자서 가야 한다〉 중에서

084

결단의 힘

'할 수 없다'는 생각이 '해낼 수 있다'는 믿음을 압도하고 리드하는 일보다 더 슬픈 게 있을까? 희망이 싹트기 어려운 절망과 좌절의 사고방식은 계속해서 또 다른 악몽을 낳을 뿐이다. 능력 있는 자가 할 수 있는 것이 아니라 하려는 자에게 능력이 생긴다.

—박성혁, 〈나비의 꿈〉 중에서

085

연습 달인

달인은 자기 기술을 더 잘해내려고 그것을 연마하는 것이 아니다. 사실 그들은 연습 자체를 사랑한다. 그리고 이 때문에 더 발전한다. 그리고 더 나아질수록 기본적인 동작을 여러 번 되풀이하는 일 역시 더 즐기게 된다.

–조지 레너드, 〈천 가지 성공에 이르는 단 하나의 길, 달인〉 중에서

086

인연의 끝

우리는 평생을 통해 수많은 인연을 쌓는다. 삶을 가로지르는 무수한 인연들 중에 어떤 인연이 과연 좋은 인연일까 생각해 보면 시작이 좋은 인연이 아니라 끝이 좋은 인연이 참으로 좋은 인연이라는 생각을 하게 된다. 인연 따라 와서 인연 따라 가는 사람들을 어찌 막을 수 있을까마는 그 인연의 끝을 어떻게 매듭짓는가는 그 사람에게 달려 있다.

–혜민, 〈젊은 날의 깨달음〉 중에서

087

허물을 벗어라

"뱀은 늙고 쭈그러들고 악취를 풍기기 시작한다는 것을 감지하면, 두 개의 돌이 겹쳐 있는 곳을 찾아갑니다. 뱀은 묵은 껍질이 완전히 벗겨지고, 그 밑에서 새로운 껍질이 자라날 수 있도록 매우 협소한 돌 틈새를 통과함으로써 자신을 갈고 닦습니다. 인간도 자신의 묵은 껍질을 바로 그렇게 해야 할 것입니다."

–알젤름 그륀, 〈내 나이 마흔〉 중에서

사람도 물리적으로는 정기적으로 새로 태어납니다. 우리 몸에는 100조 개의 세포가 있는데 1년간 약 98%가 교체된다고 합니다. 신체 기관과 부위에 따라 그 교체 주기가 다르기는 하지만 1년마다 새로 태어난다고 할 수 있습니다. 늙은 세포는 죽어서 노폐물로 배출되고, 새 세포가 생기면서 생명력을 유지하는 것입니다. 이 과정이 둔화되고 멈출 때 생명은 마감됩니다.

우리는 또한 정신적인 노폐물도 제거해야 건강하게 살 수 있습니다. 그것은 몸에 배인 악습, 안주하려는 마음, 그리고 낡은 생각들입니다. 낡은 세포가 쌓이면 사람은 병들거나 죽게 됩니다. 마음도 마찬가지입니다. 낡은 정신은 오류를 만들어낼 수 있습니다. 바이러스에 감염된 컴퓨터가 느려지고 오류가 나듯이 사람의 행동이 느려지고, 옳지 않은 방향으로 유도할 수 있습니다. 마음의 노폐물이 병원체가 되지 않도록 시시때때로 제거하여 건강을 되찾으세요. 허물은 뱀만 벗는 것이 아닙니다.

088

미니멀리즘

현재 나는 미니멀리스트(minimalist)다. 자아의 소망과 요구가 생활을 지배하던 때와는 완전히 다르다. 지금은 가진 것을 최대한 줄이는 것에서 커다란 즐거움을 얻는다. 가끔 옷장, 서재, 온갖 종류의 개인 물품을 뒤져서 남에게 준다. 고맙다는 인사는 전혀 기대하지 않는다. 사치품도 거의 필요 없다. 주거 환경에서 잡동사니를 덜 쌓아둘수록 기분이 더 좋아진다는 걸 알았다.

–웨인 다이어, 〈세상에 마음 주지 마라〉 중에서

089

기꺼이 오해받기

세상의 수많은 오해는 결코 없어지지 않고, 사람들은 그것에 큰 관심이 없다. 그러니 누가 오해하면 받으면 그만이다. 기꺼이 받으면 된다. 정말 좋아하는 직장 상사의 생일에 소박한 선물을 했는데 누가 교활한 뇌물이라고 오해하면 그렇게 믿으라고 두자. 하지도 않은 사내 연애를 하고 있다고 오해하면 기꺼이 받자.

–황진규, 〈소심 타파〉 중에서

090

진짜 꿈

중국어를 배우고 싶다고 하면서 10년째 중국어를 배우지 않는 사람에게 중국어 배우기는 진짜 꿈이 아닙니다. 건강을 위해 운동을 해야지, 하고 말만 하는 사람도 마찬가지로 운동하는 것도 그 사람에게는 진짜 꿈이 아닙니다. 진짜 꿈은 누가 시키지 않아도 하는 것이며, 진짜 꿈은 잠을 줄여서까지도 할 수 있는 것입니다.

–김우태, 〈오늘도 조금씩〉 중에서

091

자기 반성

타인의 단점은 자동 전조등과 같다고 한다. 자신의 잘못보다는 남의 잘못이 더 잘 보인다는 얘기다. 남을 평가하고 판단하는 데에는 둘째가라면 서러워할 전문가들이 많다. 자기반성은 하지 않기 때문이다. 다른 사람에게서 발견하는 단점이 사실은 대부분 자신의 싫어하는 자신의 내면의 모습이라는 말은 진리다. 타인의 단점만 보는 까닭은 그 흠이 자신에게도 있다는 점을 인정하지도, 고치려 하지도 않기 때문이다.

–브라이언 로빈슨, 〈행복의 기술〉 중에서

092

나를 괴롭혀라

무슨 도전을 하든지 고통이 없으면 아무것도 얻을 수 없다. 사람들은 인생이 너무 원만하고 지루할 때 어려움을 찾아 나선다. 따라서 자신을 괴롭히는 것은 아주 좋은 일이다. 고난을 극복하는 것은 마치 수혈을 받고 소생하는 것과 같다.

–레슬리 가너, 〈나를 괴롭혀라〉 중에서

093

시간 보호

"오프라, 통화하고 싶지 않으면서 왜 자꾸 전화를 받는 거요?" '아하!'의 순간이었다. 전화벨이 울린다고 해서 내가 꼭 받아야 하는 것은 아니다. 내 시간을 어떻게 쓸지 결정하고 통제하는 것은 나 자신이다. 설혹 시간과 일정이 나의 통제를 벗어나 엉망진창이 된 것처럼 보인다 해도 그것은 결국 자신의 탓이다. 당신의 시간을 보호하라. 당신의 시간은 곧 당신의 인생이다.

–오프라 윈프리, 〈내가 확실히 아는 것들〉 중에서

094

가족의 목적

가족의 정서적 분위기가 어떠한지 살펴보면 그 가족이 얼마나 건강한지 미루어 짐작할 수 있다. 가족이 존재하는 목적은 가족 개개인이 성숙한 인간으로 자라도록 비옥한 토양이 되어주는 것이다. 가족이라는 관계의 토양 위에서 자아, 독립성, 생산성을 분명히 자각할 수 있도록 일깨워주는 것이다.

–토니 험프리스, 〈가족의 심리학〉 중에서

095

지각 상습범

지각 상습범들은 왜 걸핏하면 약속 시간에 늦을까? 그 이유는 어느 정도 시간이 걸리는지에 대한 계산을 너무 허술하게 하기 때문이다. 외출 준비를 하고 집 밖으로 나오는 데까지 얼마나 걸리고, 역에 도착할 때까지 얼마나 걸리는지, 전철에서 내려 약속 장소까지 가는 데 몇 분이 걸리는지, 이런 시간 계산을 대강하기 때문에 지각을 하는 것이다.

–고바야시 다다아키, 〈지속하는 힘〉 중에서

096

0에서 1되기

많은 사람들이 1천을 구하는 나머지 하나를 경시하고 결국은 하나도 얻지 못하는 경우가 많다. 1천을 필요로 하는 당신은 1을 소중히 하지 않으면 절대 1천을 구할 수 없다. 하나를 만들기 위해서는 꾸준히 참는 인내력이 필요하다. 무에서부터 하나를 만들고 하나를 얻었을 때의 그 소중함을 배우게 되면 1천을 만드는 일은 생각보다 쉬울 것이다.

–마빈 토케이어, 〈몸을 굽히면 진리를 줍는다〉 중에서

무에서부터 하나를 만드는 것이 하나로부터 1천을 만들어 내는 것보다 어렵다는 것입니다. '천 리 길도 한 걸음부터'라는 익숙한 속담처럼 한 걸음 내딛지 않는다면 어떤 길도 갈 수 없습니다. 원대한 목표를 달성하는 가장 좋은 길은 그것을 달성하기 쉬운 아주 작은 여러 개의 목표로 나누고 하나하나 실행해 나가는 것입니다. 목표가 크다고 큰일부터 하려 하면 두려움이 앞서 그 일을 시작조차하기 어렵기 때문입니다.

어떤 이는 '작심삼일'이라고 하지만 다른 이는 '시작이 반'이라고도 합니다. 언젠가 다시 할 수 있습니다. 하지만 누구나 시작조차 해보지 못한 일들이 많이 있을 것입니다. 평균 수명이 길어져 오래 살 것을 기대하지만 한 가지도 제대로 시작하지 못하고 이루지 못한다면 100년도 짧은 인생일 뿐입니다. 반드시 많은 성취를 해야 훌륭한 인생이라고 할 수 있는 것은 아니지만 그래도 1은 만들어보아야 1천 한 번 만들어볼 희망이 있지 않을까요?

097

판단하지 말라

대부분의 사람은 자기 생각을 드러내고 싶은 욕망에 사로잡혀 있다. 모든 것을 옳고 그름으로 구분하고 거기에 매달려 산다. 그러나 "내가 옳다"라는 생각은 마음의 위안이 될지는 몰라도 진정한 행복을 가져다주지는 못한다. 내가 옳다는 말은 다른 사람은 틀렸다는 것을 의미하며, 이는 갈등과 대립을 초래할 뿐이다. (중략) 당신에게 비판받은 사람은 반드시 당신과 멀어지게 된다.

–디팩 초프라, 〈디팩 초프라의 완전한 행복〉 중에서

글을 읽고 나서 여러분만의 경험과 생각, 느낌을 자유롭게 적어 보세요!
직접 작성한 글은 카카오톡 플러스친구 "리텍콘텐츠"로 보내주시거나 인스타그램에 #책속의명언300 #리텍콘텐츠 해시태그와 함께 올려주세요. 보내주신 소감은 출판사 및 저자 SNS 계정을 통해 다른 독자들과 함께 나누고 다섯 분을 선정하여 저자 데뷔작 "쉿! 나를 깨우세요" 사인본을 보내드립니다~!

098

가짜 장미 꺾기

장미꽃만 피는 세상은 끔찍하다. 가짜 장미로 가득한 세상은 더 끔찍하다. 아무리 장미 흉내를 내고 장미 향수를 뿌려도 가짜는 가짜다. 남을 속이고, 나도 속아 넘어갈 수 있지만 가짜는 결국 가짜다. 가짜로 사는 삶은 허무하다. 자기 삶이 아닌데, 자기 안에 가짜 장미만 있는데 어찌 허무하지 않을까.

–김영권, 〈삶에게 묻지 말고 삶의 물음에 답하라〉 중에서

099

기호 줄이기

음식을 골고루 섭취하는 것은 영양의 균형이나 풍부한 식생활과 관련이 있다. 마찬가지로 사람에 대한 기호가 없는 쪽이 인간관계의 균형을 맞추고 인생의 깊이를 느끼기에 좋다. 이러한 사실을 알고 있는데도 사람에 대한 기호가 심하다면 "나는 좋고 싫은 것이 너무 많은 독선적인 사람이야."하고 자신을 받아들인 뒤, 싫어하는 사람과 나의 공통점이 무엇인지 찾아보는 것이 바람직하다.

–나토리 호겐, 〈신경 쓰지 않는 연습〉 중에서

100

주관식 인생을 살라

객관식 인생은 주어진 문제에 대한 답 중에서 한 가지 정답을 찾아야 하는 시험의 연속입니다. (중략) 객관적으로 볼수록 관객의 입장으로 전락해서 주인의 관점으로 보기가 점점 어려워집니다. 반면에 주관식 인생은 주어진 문제에 대한 하나의 정답을 찾는 인생이 아닙니다. 주관식 문제에는 하나의 정답이 아니라 저마다의 주관적 견해와 가치판단이 반영된 여러 가지 현답이 존재합니다.

–유영만 · 고두현, 〈곡선으로 승부하라〉 중에서

101

그림자 없애기

"구름 위에 태양이 항상 빛나듯이 자네의 문제 뒤에서는 항상 빛이 빛나고 있다네. 살아가면서 행여 그림자를 보게 된다면 그것은 자네가 해를 뒤로 하고 있기 때문일세. 그림자를 없애려면 그저 간단히 자네가 뒤를 돌아 빛을 바라보면 된다네."

–존 하리차란, 〈행복한 멈춤〉 중에서

102

진정한 나 되기

보상을 받는다는 것은 굉장히 기분이 좋은 일이기 때문에, 상을 받기 위해 우리는 다른 사람들이 바라는 일을 계속해서 하게 된다. 그러니까 벌받는 것에 대한 두려움과 상을 받지 못하는 것에 대한 두려움은, 우리로 하여금 진정한 우리가 아닌 다른 사람처럼 행동하게 한다. 그게 다른 사람들을 즐겁게 해주고 다른 사람에게 잘 보이기 위해 그렇게 하는 것이다.

–돈 미겔 루이스, 〈오늘이 내 삶의 새로운 시작이다〉 중에서

그렇게 많은 세월을 보내다 보면 진정한 나의 모습은 어디론가 사라질 것입니다. 그 자리는 내가 아닌 또 다른 나로 채워져 있을 겁니다. 그것은 빈껍데기에 불과합니다. 빈껍데기만 남은 나의 모습을 상상해보세요. 내 안에 나를 채워야만 온전한 내가 될 수 있습니다. 긍정적이든 부정적이든 나 자신이 올곧게 자리 잡고 있을 때, 가장 '나'다울 수 있는 겁니다. 즉 자신의 인생을 살라는 것입니다.

현실적으로 다른 사람들과의 관계도 중요하므로 자신만을 위한 삶을 살 수는 없습니다. 하지만 남에게 잘 보이는 인생을 사느라 진정한 자신을 잃어서는 안 되겠습니다. 지금 우리가 있는 곳은 우리의 생각이 이끌어준 곳일 것입니다. 내일도 우리는 우리의 생각이 이끄는 곳에 분명히 존재하게 될 것입니다.

103

자기답게 살기

자기답게 살기 위한 가장 좋은 방법은 『좋은 사람 되기』를 그만둘 것' '타인의 기대에 부응하는 일을 단념할 것', 이 두 가지다. 단도직입적으로 말해 '사람들의 기대에 부응하는 것이 가장 의미 있다'라는 생각을 버리고 '내 인생의 주인공은 나'라고 확실히 인식한다. 이것이 자기다운 인생을 창조하기 위한 첫걸음이다.

–모로토미 요시히코, 〈행운에도 법칙이 있다〉 중에서

104

자기 속도

인생의 길을 달릴 때, 다른 사람들은 전력을 다해 달려가는데 "나는 좀 천천히 갈게요. 먼저 가세요."라고 말할 수 있다면 그는 자신만의 길을 가는 사람일 것이다. 그렇게 말할 수 있을 때 다른 사람들을 따라가야 한다는 생각도, 남들과 비슷한 정도의 수준을 유지해야 한다는 부담도 욕심도 사라진다. 자기만의 속도로 살아갈 때 삶은 두렵지 않다.

–안상헌, 〈두려워 마라 지나고 나면 별것 아니다〉 중에서

105

구멍 빠지기

감동을 주는 이야기는 세상에 단 두 종류밖에 없다고 합니다. 하나는 '구멍에 빠지는 이야기'이고, 또 하나는 '구멍에서 빠져나오는 이야기'라고 합니다. 사람의 인생은 대부분 구멍에서 빠져나오는 이야기입니다. 이 이야기를 재미있게 만들려면, 구멍을 있는 대로 깊게 파서 발버둥치게 만드는 수밖에 없습니다. 마찬가지로 인생은 시련이 클수록 극적이고 그 다음에 오는 성공의 의미가 커집니다.

–도이 에이지, 〈전설의 사원〉 중에서

106

용서의 선물

용서는 힘들게 노력해서 벌어야 하는 것이 아니라네. 다시 말해 용서는 공짜로 나누어주는 선물이라는 거지. 내가 남을 용서해주면 내 마음 속에 있는 분노와 증오를 해소시켜 나의 영혼을 자유롭게 풀어놓을 수 있어. 이처럼 남에게 그저 베풀어준 용서는 또한 나 자신을 위한 선물이 되기도 하지.

–앤디 앤드루스, 〈폰더 씨의 위대한 하루〉 중에서

107

나만의 블루오션

새로운 기회와 가능성은 다른 사람이 하지 않는 곳에 있었다.
많이 보면 좋은 전략이 나오고, 최고를 보면 최고의 전략이 나온다.
다름에 미쳐라, 보이는 것을 차별화 하라, 열정으로 호흡하라.

–박찬원, 〈당신이 만들면 다릅니다〉 중에서

사회적으로 성공하려면 자기가 좋아하는 일, 즐거운 일을 해야 한다고 합니다. 문제는 우리가 그런 일을 찾지 못할 때 발생합니다. 보통은 남들이 많이 하는 일, 인기 있고 돈벌이가 되는 일을 좇게 마련입니다. 그런데 그 일들이 나와 맞지 않는 것이 대부분입니다. 그렇지 않다면 우리 모두가 성공할 수 있을 것입니다. 성공한 사람은 남이 하기 싫어하는 일, 아무도 하지 않은 일을 해낸 사람입니다.

지금 여러분이 사회적으로 발전하고 있지 않고 제자리걸음을 하고 있다고 생각하세요? 그렇다면 나의 일을 반성해 보세요. 하기 싫은 일을 억지로 하고 있는지. 일을 하면서 계속해서 같은 방식으로만 하고 있지는 않은지. 누구나 할 수 있는 일을 하고 있지 않은지. 남이 하지 않는 일, 남이 따라오지 못할 일을 찾아서 하세요. 그것이 바로 나만 혼자서 누릴 수 있는 블루오션입니다.

108

아침의 기적

매일 어떻게 일어나고 어떻게 아침을 보내는지가 성공의 등급에 엄청난 영향을 미친다. 집중력 있고, 생산적이고, 성공적인 아침은 집중력 있고, 생산적이고, 성공적인 날들을 만들어낸다. 같은 방식으로 집중력이 결여되고, 비생산적이고, 평범한 아침은 집중력이 결여되고, 비생산적이고, 평범한 날들과 평범한 삶의 질로 이어진다. 아침에 일어나는 방식을 바꾸는 것만으로도 가능하다고 생각했던 것보다 더 빨리 삶을 완전히 바꿀 수 있다. —할 엘로드, 〈미라클 모닝〉 중에서

109

더 늦추기

과속운전이 위험한 이유는 시야가 좁아져서 안전을 확보하기 어려워서다. 시야가 좁아지면 돌발 위험에 제대로 대처하기 힘들다. 삶의 속도를 늦추면 시야가 넓어지고 전체를 볼 수 있는 큼직한 사고력이 생긴다. 빠름에서 벗어나 더 좋음으로 향하는 더 느림의 길로 가야 한다. 조금만 더 속도를 늦추자. —가현정, 〈더 느림〉 중에서

110

생각의 끈

축구에서 골프까지 모든 구기 종목에는 한 가지 대원칙이 있다. '공에서 눈을 떼지 마라'는 것이다. 원하는 것이 있다면 그것에서 생각의 끈을 놓지 말아야 한다. 헝가리의 푸슈카시 페렌츠는 축구 영웅이 된 비결을 묻는 기자에게 이렇게 말했다. '나는 많은 시간 축구를 한다. 공을 찰 수 없을 때는 축구에 대해 이야기를 한다. 축구에 대해 이야기할 수 없을 때는 축구에 대해 생각한다.' —루쑤웨이, 〈내 인생의 재발견〉 중에서

111

상대적 행복

1캐럿 다이아몬드 반지면 만족할 것 같았지만 옆 사람의 2캐럿짜리를 보면 속이 상한다. 집 하나만 사면 행복하겠다며 부부가 치열하게 돈을 벌지만 20평을 가지면 30평을 부러워하고, 30평을 가지면 역시 더 큰 집과 새로 지은 신형이 눈에 보인다. 그렇게 계속 50평, 100평 늘려 갈 수도 없다. 행여 이룰 수 있다고 해도 그것이 행복이 아니라는 것을 자각할 때 비로소 행복이 찾아온다.

—이종선, 〈성공이 행복인줄 알았다〉 중에서

112

약속 반성

약속 시간을 지키지 않는 친구를 나무라지 마라. 그 친구가 나에게 원하는 것이 많고 내가 그것을 해줄 수 있으면 늦을 리가 없다. 사무치게 그리던 미모의 여자가 마침내 나의 데이트 신청을 받아주었다. 내가 어떻게 늦게 갈 수 있는가? 대기업의 회장, 권력가, 유명 연예인이 만나자고 하는데, 늦는 사람이 있는가? 나하고 시간 약속을 하고 늦게 오는 친구가 있으면, 우선 내가 그 친구에게 쓸모 있는 놈인지 아닌지 반성해야 한다.

–노익상, 〈너, 누구냐〉 중에서

113

인생 편집

잡동사니는 젊은 날에 어울리는 단어다. 이십 대는 다양한 경험을 할 만큼 이것저것 눈길 가는 것들이 많다. 처음부터 한 가지만을 고집하지 않는다. 다양함 속에서, 수없이 많은 길 중에서 진짜 내 길을 발견하는 탐색의 시기다. 하지만 나이 들어서도 전문성 없이 잡동사니로 흐른다면 인생에서 결실을 보지 못할 것이다.

–서정현, 〈인생 편집〉 중에서

114

삶이란 놀이다

아이들은 삶에 대해 심각하게 생각하지 않는다. 아이들은 하루하루 인생을 놀이처럼 즐길 뿐이다. "인생이란 무엇인가? 왜 살아야 하는가?" 같은 질문은 왜 던질까? 바로 재미가 사라졌지만 계속 놀이를 해야 할 때 이런 질문을 던진다. 인생이 그렇다. 인생이 재미난 놀이로 여겨지는 사람은 이런 질문을 하지 않는다. 그저 삶이란 놀이를 즐길 뿐이다.

–한근태, 〈누가 미래를 주도하는가〉 중에서

115

소비 불만족

수백만의 '가짜 재벌' 소비자들이 부질없는 성공의 이미지들–결국은 쓰레기통으로 들어가거나 벼룩시장에 내놓게 될 물건들–을 사들이기 위해 그들이 애써 번 돈을 날려버리고 있는 사이, 체계적인 투자자들은 벌어들이는 수입보다 검약한 생활을 하면서 자유와 만족, 그리고 마음의 평화를 즐긴다. 그들은 소비함으써 흥분을 느끼지 않는다. 그들을 흥분시키는 것은 개인적인 성취, 근면에 대한 보상, 인정받음 등이다.

–알렉산더 그린, 〈삶에서 무엇이 가장 중요한가〉 중에서

116

지금-여기

우리는 모두 지금(now)과 여기(here)에 살고 있다. 내가 받아들여야 하는 내 모습은 지금-여기의 삶을 살아가는 '나'다. 과거의 불쌍한 나도 아니고 미래에 멋지게 변할 나도 아니다. 또는 과거에 끝내주게 잘나갔던 나도 아니고 미래에 어떻게 될지 몰라 불안한 나도 아니다. 지금-여기의 '나'를 받아들이는 과정은 지금 내 삶을 살아가는 나 자체를 있는 그대로 경험하고 인정하는 과정이다.

-황선미, 〈받아들이면 알게 되는 것들〉 중에서

현재의 '나'는 과거의 내가 모여서 만들어진 것입니다. 미래의 '나' 역시 과거가 될 현재의 내가 모여서 만들어질 것입니다. 따라서 현재의 '나'를 부정하는 것은 나에 대해 과거, 현재, 미래를 모두 부정하는 것입니다. 그렇게 되면 과거의 '나'도 현재의 '나'도 미래의 '나'도 불만족스러울 수밖에 없습니다. 과거는 후회스럽고 현재는 불행하고 미래는 불안합니다.

현재, 지금-여기의 '나'를 인정하면 과거의 '나', 미래의 '나' 모두를 인정하게 되는 것입니다. 지금 어떠한 상태이든 자연스럽게 나를 받아들이면 과거, 현재, 미래가 모두 편안해집니다. 나를 편안하게 받아들이면 다른 사람도 편안하게 받아들일 수 있습니다. 자신과의 화해를 통해 타인과의 화해도 이루어지는 것입니다. 최고의 '나'는 지금-여기의 '나'입니다. 인정할 수 있습니까?

117

마음 예방주사

살아오며 쭉 형성되어 온 감정 습관, 그리고 지금껏 차곡차곡 쌓인 기억들은 감정을 만드는 데 큰 영향을 미친다. 우리는 이 사실을 알아차려야 한다. 만약 당신이 몹시 화가 났거나, 굉장히 기분이 안 좋다면 그것은 지금 일어난 어떤 일 때문만은 아니다. 실은 어린 시절의 여러 가지 다른 일들이 함께 작용하여 지금의 감정을 느끼고 있는 것이다.

–석정호, 〈내 마음과 화해하기〉 중에서

글을 읽고 나서 여러분만의 경험과 생각, 느낌을 자유롭게 적어 보세요!
직접 작성한 글은 카카오톡 플러스친구 "리텍콘텐츠"로 보내주시거나 인스타그램에 #책속의명언300 #리텍콘텐츠 해시태그와 함께 올려주세요. 보내주신 소감은 출판사 및 저자 SNS 계정을 통해 다른 독자들과 함께 나누고 다섯 분을 선정하여 저자 데뷔작 "쉿! 나를 깨우세요" 사인본을 보내드립니다~!

118

구겨진 돈

오만원권 지폐가 길에 버려지면 구겨진 것이든, 오물이 묻어 있든 보는 사람이 주워간다. 반면 휴지는 발로 차고갈 수는 있어도 아무도 관심을 갖지 않는다. 나라는 존재도 마찬가지다. 오만원권처럼 대접받고 싶은가? 아니면 버려진 휴지처럼 대접받고 싶은가? 가치를 세우는 삶은 미래지향적으로 도전하는 삶이다. 그런 삶은 어떤 일이든 어떤 상황이든 주도적으로 헤쳐 나갈 수 있다.

–황선찬, 〈사하라로 간 세일즈맨〉 중에서

119

인생 리셋

공부든, 일이든, 관계든 꾸준하게 이어가기 어렵다는 생각이 들거나 시간 낭비라고 여겨진다면 과감하게 접는 것도 방법이다. 과거는 이미 지나갔다. 본전 생각에 매달려 있는 한, 지금은 물론 앞으로도 자유를 누릴 수 없다. (중략)
이럴 때 필요한 게 리셋 버튼이다. 지금 바로 과감하게 리셋 버튼을 눌러야 앞으로 이어질지도 모를 인생 낭비로부터 나를 지킬 수 있다.

–한상복, 〈어른의 것〉 중에서

120

광부의 원리

다이아몬드는 남아프리카 광산에서 채굴한다. 작은 손가락 정도가 아니라 그보다 더 작은 보석을 캐내기 위해 수천 톤의 흙을 판다. (중략) 이들은 보석을 찾기 위해서 모든 흙을 파내는 것이다.

일상생활에서 인간들은 이 광부의 원리는 잊고 염세주의자가 된다. 왜냐하면 인생의 생활에는 다이아몬드보다 흙이 더 많기 때문이다.

–로버트 슐러, 〈배짱있게 살아 갈 용기〉 중에서

121

상상의 힘

상상의 힘을 이해하면 인간 행동의 근본도 이해할 수 있다. 인간은 자신이 '보는 것'을 얻으며 현실이 아닌 그 현실을 보는 시각에 따라 행동한다. 그리고 '사실'이라고 믿는 정보에 따라 일상의 크고 작은 결정을 내린다. 그러나 내가 '사실'이라 생각하는 것은 가족, 친구, 동료가 하는 말, 과거의 경험, 그리고 텔레비전에서 보고 들은 정보이다.

–데니스 웨이틀리, 〈마이 시크릿 가든〉 중에서

122

문제와 기회

'문제'를 나타내는 가장 좋은 단어는 '기회'이다. 문제나 어려움을 떠올리는 대신, 이제부터는 당신 삶에서 예상치 못했던 걸림돌을 도전이나 기회라고 일컫자. 기회는 우리 모두 열렬히 바라고 고대하는 것이다. 이 새로운 단어를 쓸 때, 문제나 어려움의 개수만큼이나 엄청난 기회들이 얼마나 많이 나타나는지 깨닫고 깜짝 놀랄 것이다.

–브라이언 트레이시 · 크리스티나 트레이시 스테인,
〈개구리와 키스를〉 중에서

123

행복의 분량

행복의 분량은 모든 사람에게 똑같이 주어집니다. (중략) 그럼에도 어떤 사람은 늘 행복해하고, 어떤 사람은 늘 불행한 얼굴을 하고 있지요. 그 차이는 행복을 느끼는 힘에 있습니다. 그 힘은 누구나 가질 수 있습니다. 방법은 매우 간단합니다. 그저 '행복이란 무엇인가가 만들어 주는 것이 아니라 스스로의 마음으로 느끼는 것'이라고 생각하면 됩니다.

–마스노 슌묘, 〈인생이라는 산에서 내려가는 연습〉 중에서

124

내적 방어기제

심리적 고통을 겪을 때 오해하는 것 중 하나는 고통이 사라지면 행복해질 것이라는 생각입니다. 하지만 고통이 해결된 상황은 행복한 상태와는 달라요. 신체적 질병에서 완치된 상태가 건강한 상태와 동일하지 않은 것과 같아요. 지금의 고통이 사라져도 삶은 계속됩니다. 계속 살아가기 위해서는 자신의 경험과 인생을 이해할 수 있는 내적 자원을 하나씩 심어가야 해요.

—김도인, 〈숨쉬듯 가볍게〉 중에서

125

문제 청소

우선 문제가 되지 않는 문제를 버리자. 아이가 말을 듣지 않는가? 공부를 싫어하는가? 괜찮다. 당신도 어린 시절에 그러지 않았는가? 그래도 훌륭한 어른으로 성장하지 않았는가. 만약 '나처럼 되지 않길 바란다'는 마음이라면 현재 당신 자신의 과제를 해결하는 것이 먼저다.

—스즈키 에이치, 〈베리 심플〉 중에서

126

100퍼센트의 법칙

'100퍼센트의 법칙'은 나에게 일어나는 일을 100퍼센트 내 책임으로 보는 법칙입니다. 만일 50퍼센트는 내가 나쁘지만 상대도 50퍼센트 잘못했다고 생각한다면, 당신의 인생은 상대방에게 50퍼센트 지배당하고 있는 셈입니다. 상대가 90퍼센트 나쁘다고 여긴다면 상대방이 당신 인생의 90퍼센트를 장악하게 됩니다. 하지만 100퍼센트 모두 내 책임으로 삼으면, 내 인생에 대한 자유도 역시 100퍼센트가 됩니다.

–사이토 히토리, 〈괜찮아, 다 잘되고 있으니까〉 중에서

좋지 못한 일이 생겼을 때 자기의 잘못을 100퍼센트 인정하는 사람은 거의 없습니다. 어떻게든 남의 탓, 환경 탓, 아니면 운 탓까지 하며 최대한 책임을 회피하려 합니다. 스스로의 잘못을 인정하고 자책하는 고통은 견디기 힘든 일입니다. 하지만 모든 일이 비롯되는 것은 나로부터 입니다. 모든 일의 중심에 내가 없다면 나에게는 아무 일도 일어나지 않을 것이기 때문입니다.

다른 사람이 나에게 잘못했을 때 그들이 100퍼센트 인정하게 할 수 없습니다. 남들도 나와 똑같이 생각하기 때문입니다. 그러면 그 인정하지 않는 퍼센트만큼 그들이 나의 인생을 장악하게 되는 것입니다. 결국 내 인생은 그만큼 자유롭지 못하게 됩니다. 우리가 온전히 움직일 수 있는 사람은 자신뿐입니다. 모든 일이 100퍼센트 나의 책임이라고 인정할 때 내 인생은 100퍼센트 나의 것이 됩니다.

127

행운의 문

일생 동안 얼마나 많은 사람을 만나느냐에 그 사람의 행운이 달려있다고 해도 과언이 아니다. 사람을 귀찮아하는 사람은 날로 운도 약해진다. 정신분석의 창시자 프로이트에 의하면 인간은 군거본능(집단본능)이 있다고 한다. 이는 생명력을 얻기 위한 한 방법이기 때문에 그런 본능이 진화한 것이다. 인간은 서로 경쟁하는 관계이면서도 서로에게 생명력을 주는 관계다.

–김승호, 〈돈보다 운을 벌어라〉 중에서

128

특권 의식

특권 의식에 사로잡히면 무언가를 제 가치에 맞게 획득하지 못한다. 내게 당연한 몫이 주어지지 않는다고 투덜대느라 열심히 노력하지 않는다. 내가 어떤 사람이고 어떤 일을 겪었으니 당연히 얻어야 한다고 기대할 뿐이다. (중략) 또한 이런 사람은 타인에게 비현실적인 요구를 하거나 내 몫만 신경 쓰기 때문에 의미 있는 인간관계를 맺지 못한다.

–에이미 모린, 〈나는 상처받지 않기로 했다〉 중에서

129

작은 행복의 의미

나는 내가 부자가 되어 누리는 행복 중에 비싼 시계를 산다든지 특이한 스포츠카를 사는 것에서 느끼는 행복보다 훨씬 작은, 그리고 자주 있는 소소한 지출에서 행복을 느낀다. 마켓에 들러 꽃 화분 몇 개를 한꺼번에 산다든지, 책방에서 가격표를 보지 않고 맘껏 책을 들고 올 때 부자로서 가장 행복을 느낀다. 작은 행복을 자주 느끼는 데 돈을 지출하는 것이 더 좋은 방법이다. –김승호, 〈알면서도 알지 못하는 것들〉 중에서

130

인간 환경

많은 부모들이 아이가 자신보다 공부를 더 잘하는 친구를 사귀기를 원한다. 하지만 많은 부모들이 아이들 교육에 있어 환경의 중요성을 강조하면서 자신들의 환경을 바꿀 생각은 하지 못한다.

당신이 성장하고 있지 않다면 지금 당신을 둘러싼 환경은 더 나은 미래를 보장해 줄 수 없다. 미래를 바라보고 성장하는 사람들로 내 주변을 바꾸어보자.

–김지미, 〈자신을 위해 사는 용기〉 중에서

131

제멋대로 친절

친절은 단어 정의에 따르면 강제로 하는 일이 아니라 자발적으로 하는 일입니다. 상대방이 바라지도 않는데 자기가 하고 싶어서 '제멋대로' 베푸는 것이 친절입니다. 그러니 '내 친절에 감사하다고 말하지 않다니 이상한 사람이네' '고맙다고 말하지 않다니 인성이 별로군'이라고 상대방을 폄하할 것이 아니라 '내가 원해서 멋대로 한 일이니 상대방이 반응하지 않아도 괜찮아'라고 자기 선에서 완결하는 쪽이 정신 건강에 이롭습니다.

–코이케 류노스케, 〈생각으로부터 깨어나기〉 중에서

132

나를 가꾸기

집을 새롭게 꾸미는 일과 주인의 나이는 전혀 상관없습니다. 그 일은 언제든지 할 수 있습니다. 중요한 것은 우리가 받은 집을 수리하고 가꾸는 작업을 꾸준히 해야 한다는 사실입니다. 그냥 이대로 살겠다며 아무것도 하지 않는 것은 세상과 담을 쌓고, 옴짝달싹하지 않는 옷장 옆에 틀어박혀 스스로 갇힌 삶을 사는 것입니다.

–엘리자베스 루카스, 〈기쁨 사용법〉 중에서

133

분노 지연

우리는 악덕의 근본적인 원인과 맞서 싸워야 한다. 화는 내가 상처를 입었다는 믿음에서 시작된다. 하지만 그 잘못된 믿음에 쉽게 넘어가서는 안 된다. 우리가 받은 상처가 너무 확연해 눈에 띄더라도 절대 분노하지 말라. 때로는 잘못된 믿음이 진실인 양 위장하고 있기도 하니까. 진실을 알 때까지 적당한 시간을 가져야 한다. 시간이 지나면 진실은 드러나게 마련이다.

–루키우스 안나이우스 세네카, 〈세네카의 화 다스리기〉 중에서

134

생각 변화시키기

매순간 당신의 건강은 당신의 의식에서 흘러나오는 긍정적 · 부정적인 충동의 합과 같다. 당신은 바로 '당신이 생각하는 것'이다. 만약 당신이 행복하다면 그것은 당신이 대부분의 시간을 행복한 생각을 하면서 보내기 때문이다. 반면 우울하다면 슬픈 생각을 하는 시간이 더 많음을 의미한다.

–디팩 초프라, 〈마음의 기적〉 중에서

135

'누구와' 프레임

최고로 행복한 사람들은 그렇지 않은 사람들에 비해 혼자 있는 시간이 적었고, 사람들을 만나고 관계를 유지하는 데 많은 시간을 할애하고 있었다. 그들은 늘 다른 사람과 함께 있을 정도로 관계가 풍성했으며, 친구들 사이에서도 인간관계가 매우 좋은 것으로 평가되었다. 흥미로운 사실은 222명 중 가장 행복한 상위 10%인 22명 중에서 21명이 조사 당시 이성 친구가 있었다는 점이다.

–최인철, 〈프레임〉 중에서

미국의 에드 디너, 마틴 셀리그만 교수는 한 연구에서 222명의 행복 점수를 측정했습니다. 그들 중 상위 10%인 22명을 집중적으로 분석한 결과, 가장 큰 차이점이 '관계'였습니다. 사람들은 행복한 곳에서 살고 싶다고 주거지나 주택에 신경을 많이 씁니다. 하지만 행복은 '어디서' 보다는 '누구와' 있느냐에 따라 더 큰 영향을 받습니다. 인간관계의 질과 양이 행복의 가장 큰 변수라는 것입니다.

창 밖으로 얼굴을 내밀지 않으면 창틀(프레임)로 보이는 풍경만 볼 수 있습니다. 사람들은 마음속에 이런 프레임을 가지고 있어 그 프레임으로 세상을 봅니다. 그래서 우리들의 눈에는 보고 싶은 것만 보이는 것입니다. 그 중 '어디서' 프레임은 돈과 관련된 것이기도 해서 큰 스트레스가 될 수도 있습니다. 하지만 행복은 '누구와'의 문제입니다. 프레임을 갈아 끼우면 행복이 보이지 않을까요?

136

결함 수용

대부분의 사람들에게는 한 번쯤 자신의 결함을 드러낸 경험이 있다. 인간다운 결함을. 그런데 이는 인격과 공감하는 능력을 발전시킨다. 영혼을 성장시키는 데도 좋다. 사막을 횡단하거나 밀림을 통과할 때처럼 힘들고 고통스러운 시기를 보내는 것이 결코 시간낭비인 것만은 아니다. 그러다 인생을, 야생화를, 화석을, 물을 발견할 수도 있기 때문이다.

–앤 라모트, 〈나쁜 날들에 필요한 말들〉 중에서

137

하루 반성

세상에서 성공한 사람들에게는 대부분 항상 자신을 돌아보는 습관이 있다. 오늘 자신은 어땠는지, 오늘 하루는 좋았는지 매일 바보처럼 철저히 되돌아보라.

1년에 한 번밖에 돌이켜보지 않는 사람과 1년에 365번 돌이켜보는 사람 중 과연 누구의 인생이 잘될까. 생각할 것까지도 없다. 날마다 성실하게 자신을 돌아보는 습관을 들이면 마침내는 자신의 인생을 스스로 조절할 수 있다.

–고미야 가즈요시, 〈프로의 경지〉 중에서

138

미래 걱정

정말로 당신이 아직도 3년 뒤, 혹은 5년 뒤를 걱정한다면 그것은 '나는 죽어도 발전하지도 않을 거고, 앞으로 내 인생을 행복하게 만들기 위한 그 어떤 노력도 하지 않을 거야'라는 다짐을 하는 것에 불과할 뿐이다. 당신이 긍정적인 변화를 다짐하는 한, 그래서 나도 변할 수 있다는 자신감을 가지고 있는 한, 어떠한 장기적인 미래에 대한 걱정도 할 필요는 없을 것이다.

–이남훈, 〈걱정에 물들지 않는 연습〉 중에서

139

무엇이 되고 싶은 걸까?

많은 사람들이 자기 스스로를 개선하는 일에 실패하는 까닭은 그들이 게으르기 때문만은 아니다. 결정적인 문제는 바로, '나는 정말로 무엇이 되고 싶은 걸까?'라는 질문에 답을 얻지 못해서다. 이 말은, 내 모든 것을 바칠 가치가 있는 일이 과연 무엇인가를 모른다는 것이다.

–레베카 니아지 사하비, 〈나는 생겨먹은 대로 산다〉 중에서

140

양면을 살아라

"너를 절망에 빠뜨리려고 이 말을 하는 것이 아니라, 인생이란 양지쪽을 걷는가 하면, 때로는 음지쪽도 걸어야 하는 여행이라는 사실을 깨우쳐 주기 위해 이 말을 하는 거란다."

–조셉 M. 마셜, 〈그래도 계속가라〉 중에서

141

30분 차이

30분의 차이는 출근길을 180도 다르게 한다. 30분 먼저 출근하면 회사에 도착하는 시간은 최소 50~60분 빨라진다. 이른 시각이라 러시아워에 걸릴 까닭이 없다. 그뿐인가. 당신이 콩나물시루 같은 버스와 전철 안에서 이리저리 부대끼며 지칠 때, 그는 빈자리에 앉아 여유롭게 출근한다. 그가 타고 있는 버스와, 지하철은, 자동차는 그의 인생처럼 막힘없이 시원하게 내달린다.

–아놀드 베넷, 〈하루〉 중에서

142

주문 오류

세상에 어떤 정신 빠진 사람이 식당에 들어가 메뉴판을 들여다본 뒤 전혀 원치 않는 음식을 주문하겠는가? 또 어떤 사람이 대형 할인매장에서 쇼핑을 하며 선반에서 가장 마음에 들지 않는 옷을 골라 들고 계산대로 가겠는가?
그런데 우리 대부분은 생각을 하거나 대화를 할 때 그렇게 한다. 그야말로 일어나길 원치 않는 일들에만 집중하고, 두려운 것과 부정적인 것 그리고 부족한 것에만 집중하는 것이다.

–팸 그라우트, 〈E3: 신이 선물한 기적〉 중에서

143

인생 출발점

기하학(幾何學)에서는 "점과 점을 연결하는 것이 직선이고, 직선이 두 점을 연결하는 최단 거리이다."라고 한다. 우리 인생에 있어서도 출발점이 확정되고, 목표점이 확실하게 정해지면 두 점을 잇는 직선이 자연스럽게 나타난다. 지금, 내가 처해 있는 이 상황이 바로 내 인생의 출발점이다.

–김규덕, 〈개(犬)는 개(犬)같이 살아야 행복하다〉 중에서

144

이방인의 자리

자신이 다른 사람으로부터 신뢰받고 있다고 생각하는 순간 곧 그 사람을 가볍게 보거나 이용하고 싶어지는 사람이 있다. 인생을 쾌적하게 보내기 위해서는 사람들 속에 있으면서 자신을 항상 '이방인'과 같은 위치에 두는 것이 좋다. 그렇게 하면 당신은 존경받고 소중히 여겨지며 존중받을 것이다.

—아돌프 크니게, 〈100년의 교제술〉 중에서

처음 사람을 대할 때는 누구나 조심스럽고 가까워지기까지는 서로에 대해 존중할 줄 압니다. 하지만 조금만 가까워지거나 친해지면 그 존중심은 없어지고 쉽게 대하는 사람이 있습니다. 상대방에 대해 다 안다고 착각하고 우월감을 가지려고 하는 것입니다. 남을 아래로 내려야 내가 높아진다는 나쁜 습성입니다. 그렇기 때문에 가까운 사람일수록 적당한 거리가 필요합니다.

부부 사이에도 각자의 영역이 있어 그 부분만큼은 침범 당하지 않아야 서로를 존중할 수 있습니다. 서로를 속속들이 다 알아서 쓸데없는 간섭을 하게 되고 신선한 기대감이 떨어져 관계가 좋을 수 없습니다. 마술의 묘미는 그것이 어떻게 일어나는지 모르는 데 있습니다. 다 알고 나면 재미가 하나도 없습니다. 인간관계의 마술 또한 모르는 데에 있을지 모릅니다. 서로가 적당한 이방인의 자리에 있는 것이 마술처럼 신비롭지 않을까요?

145

시비분별

세상에는 장미를 좋아하는 사람도 있고, 채송화를 좋아하는 사람도 있고, 진달래를 좋아하는 사람도 있어요. 사람의 기호와 취향이란 천차만별입니다. 그러니 남의 취향을 갖고 좋다, 나쁘다 할 게 없어요. 다만 '저 사람은 저걸 좋아하는 구나' '이 사람은 이걸 좋아하는 구나' 하고 차이를 발견하는 것으로 받아들이면, 마음이 불편할 일이 없고 그것으로 갈등하고 싸울 일도 없습니다.

—법륜, 〈법륜 스님의 행복〉 중에서

글을 읽고 나서 여러분만의 경험과 생각, 느낌을 자유롭게 적어 보세요!
직접 작성한 글은 카카오톡 플러스친구 "리텍콘텐츠"로 보내주시거나 인스타그램에 #책속의명언300 #리텍콘텐츠 해시태그와 함께 올려주세요. 보내주신 소감은 출판사 및 저자 SNS 계정을 통해 다른 독자들과 함께 나누고 다섯 분을 선정하여 저자 데뷔작 "쉿! 나를 깨우세요" 사인본을 보내드립니다~!

146

나만의 인생

창조주는 인간 스스로 생각하고 결정하여 인생을 살도록 마음을 다스릴 수 있는 특권을 우리에게 부여했다. (중략)
하지만 이 세상은 우리의 권리를 침해하는 외부 세력들로 가득 차 있다. 인간은 영향을 주고받으며 살게 되어 있기 때문에 관습이나 규칙, 의무, 권리라는 이름으로 타인의 행동이나 생각에 영향을 받다 보면, 자신만의 인생을 살기가 무척 힘들어진다. 그러므로 인간은 자신이 꿈꾸던 삶은 스스로 찾아야 한다.

–나폴레온 힐, 〈마음의 평화로 부자되기〉 중에서

147

시간 절도범

잘 모르는 상대를 파악하는 가장 간편한 방법은 제시간에 약속장소에 나타나는지의 여부를 보는 것이다. 그리고 상대를 무시하는 최선의 방법은 늦게 나타나 상대를 기다리게 하는 것이다. 자신의 시간을 절약한다는 핑계로 다른 사람의 시간을 빼앗는 절도범이 되는 것이다.

–한근태, 〈오픈 시크릿〉 중에서

148

말의 미래

사람들은 보통 지금 하는 말이 미래에 엄청난 영향을 끼칠지도 모른다는 사실을 잊는다. 가장 알맞은 단어를 선택하기 위해서는 침착해야 하고 자신을 통제할 수 있어야 한다. 무의식적으로 튀어나오려는 말과 해야 하는 말을 비교하고 후자를 선택하라. 생각할 시간을 충분히 더 가질 수도 있다. 필요하다면 아직 답변할 준비가 안 되었다고만 말하라. "그 부분에 대해서는 나중에 다시 말씀드리겠습니다."라고 말해도 아무 문제없다.

–P.M. 포르니, 〈생각하며 산다는 것〉 중에서

149

인생은 비상이 아니다

우리는 우리가 세운 목표를 너무 심각하게 받아들인 나머지 그 과정에서 즐거움을 느끼는 법과 약간의 여유를 허락하는 방법조차 잊어버린다. (중략) 일이 원래 세운 계획에 꼭 들어맞지 않더라도 인생은 계속될 것이다. 이 사실을 명심하고, 다음의 유익한 문장을 반복해서 떠올리자. "인생은 비상사태가 아니다!"

–리처드 칼슨, 〈사소한 것에 관한 큰 책〉 중에서

150

심플라이프

자신의 마음을 충족시킬 수 있는 최소한의 물질만을 소유하고 그 이상의 욕심을 내지 않고 살아간다면 마음은 자유로워진다. 방해 받는 것이 없는 상태가 곧 자유라고 할 수 있다. 새가 드넓은 하늘을 마음껏 날 수 있는 것처럼 자유롭다면 불안이나 공포는 존재하지 않는다.

–나토리 호겐, 〈모으지 않는 연습〉 중에서

법정 스님의 책으로 '무소유(無所有)' 열풍이 분 적이 있습니다. 아무것도 가지지 않고 살아갈 수는 없습니다. 하지만 이 세상에서 아무것도 내 것이 아니라는 생각을 가지면 물질에 대한 욕심을 줄일 수 있습니다. 적게 소유하고 그것들에조차 마음을 두지 않는다면 걱정과 불안은 생기지 않습니다. 문제는 물질에 대한 욕망과 집착을 버리는 것이 너무나도 어렵다는 것입니다.

세상이 풍요로워지면서 우리는 이미 많은 것을 소유하고 있습니다. 그래서 다시 '미니멀 라이프(minimal life)'라는 소유 다이어트 열풍이 불고 있습니다. 이미 가지고 있는 물건들을 줄이거나 처음부터 적게 시작하자는 것입니다. 물질을 단순하게 하면 마음도 단순해집니다. 단순해진 만큼 자유로워지고 그러면 진짜 소중한 것으로 마음이 갈 수 있습니다. 그것이 무엇인지는 미니멀 라이프를 실천하는 사람만이 알 수 있을 것입니다. 각자에게 소중한 것은 다르지 않겠습니까?

151

청춘 야망

신념의 한 가지 지배적인 특성은 야망이다. 아무리 젊어도 야심이 없으면 그 사람은 늙은 것이다. 늙었더라도 야심이 있으면 그는 정신적으로 아직 젊은 것이다. 성취하고, 창조하고, 성장하기를 더 이상 원하지 않을 때, 그냥 되는 대로 살아가는 데 만족할 때, 그 사람은 늙음을 체험하고 있는 것이다. 무엇이 되고, 무엇을 하고, 무엇을 소유하려는 욕망을 버릴 때 그 사람은 늙는 것이다.

–단 카스터, 〈정신력의 기적〉 중에서

152

인생 리허설

남극의 펭귄도 기나긴 겨울에는 주로 생식과 양육을 하면서 보내고, 여름에는 활발한 사냥 활동을 한다. 이들은 거의 고단백 식사를 하며 몸의 크기를 키운다. 이렇게 비축한 영양분은 추운 겨울을 보낼 든든한 밑천이 된다.

결국 펭귄이 혹한의 겨울을 잘 이길 수 있는 것은 겨울을 위한 준비의 결과라고 할 수 있다. 바로 남극의 여름에 하프타임을 가지며 겨울을 위한 리허설을 한 것이다.

–박호근, 〈인생에도 리허설이 있다〉 중에서

153

80% 규칙

신발장, 책장, 식기장, 옷장… 이런 온갖 수납공간에 넣는 물건의 양은 80% 정도를 적정선으로 보는 것이 좋다. 즉, 120% 꽉꽉 눌러 담고 있는 사람이라면 40% 정도를 줄여야 하며, 100% 채우고 있는 사람이라면 20%를 줄이는 것이 적절하다는 발상이다.

20%의 빈 공간은 '여유'를 뜻한다. 여유만 있다면 새로운 물건을 들여올 때 손쉽게 받아들일 수 있지만 여유가 없으면 물건이 금방 넘쳐나게 된다. —고마츠 야스시, 〈1일 1행〉 중에서

154

모르고 살아라

답을 알아내는 것보다는 문제를 해결하는 것이 흥미롭다.
마술의 기술이 공개되면 그것은 마법을 잃는다.
누가 이길지 안다면 축구 게임은 전혀 흥미롭지 않을 것이다.
일부 사람들은 성공을 거두고 거기에 만족하고 산다.
계속 모르고 살아가는 자가 진정한 행운아다.

—폴 아덴, 〈생각을 뒤집어라〉 중에서

155

운명 즐기기

인생은 향기로운 꽃길 10리를 보기 위해 가시밭길 100리를 걸어가는 과정이다. 현재의 상황이 돌아갈 수 없는 다리, 돌이킬 수 없는 상황이라면 유쾌하게 즐기자. (중략) 하기 싫어도 해야 할 일이라면 피하지 말고, 노력으로 해결될 일이 아니라면 운명으로 받아들이자. 어쩔 수 없는 운명을 흔쾌하게 즐기는 것은 유쾌한 일이다.

–박필규, 〈버리면 행복한 것들〉 중에서

156

줄이 짧은 곳

아무도 가지 않은 길을 처음으로 헤쳐 나가는 일이 쉬울 리 없겠지요? 그러나 그처럼 멋진 일이 세상에 어디 또 있겠습니까? 남들이 다 가는 길로 가지 말고 나만의 길을 개척하기 바랍니다. 장래 어떤 직업을 택할까, 대학에서 어떤 전공을 할까 고민하는 친구들에게 나는 줄이 짧은 곳에 가서 서라고 권하고 싶습니다.

–최재천, 〈손잡지 않고 살아남은 생명은 없다〉 중에서

157

시한부 인생

내겐 내일이 없다.

나는 발레를 시작한 후 지난 30년 이상을 시한부 인생으로 살아왔다.

내게 내일은 없다는 생각으로 오늘을 맞이했고,

절실하게 맞이한 오늘을 100% 살아냈다.

그 하루가 모여 지금의 내가 되었다.

–강수진, 〈나는 내일을 기다리지 않는다〉 중에서

158

소통의 황금률

표현되지 않은 요구는 만족시킬 필요가 없다.

내가 원하는 바를 분명히 말한 적 없다면 상대가 내가 뭘 원하는지 모른다고 원망해선 안 된다. 역으로 상대가 아무것도 요구하지 않았는데 내 쪽에서 알아서 헤아릴 필요도 없다.

이것이 소통의 황금률이다. 지레짐작은 이제 치워 버려라.

–크리스텔 프티콜랭, 〈나는 왜 네가 힘들까〉 중에서

159

자신력

인간 세상에서 한 번도 불안과 공포의 분위기가 사라진 적은 없었다. 그러므로 문제는 불안과 공포를 안고 살아가는 사회가 아니라 이런 사실을 알면서도 노심초사 전전긍긍하는 자신의 자신 없는 마음이다. 시냇가에 자라나는 나무는 매일 부는 바람을 걱정하기보다도 흔들리지 않을 자신의 체력에 더 많은 신경을 쓴다는 것을 믿어보자.

–사이토 이사무, 〈자신감 심리학〉 중에서

우리가 어떤 일을 어떤 곳에서 어떤 때에 하든 그 일의 성공 여부는 우리 자신에게 달려 있습니다. 성공의 길을 가기 위해서는 먼저 이 사실을 인정해야 합니다. 그렇지 못한 사람들이 항상 하는 말이 있습니다. '그런 일을 하는 것이 아니었어', '그 곳에서 그 일을 벌인 것이 잘못이야', '때를 잘못 만나 실패한 거야' 같은 말입니다.

하지만 성공하는 사람은 모든 것이 자신에게 달려 있다고 생각하는 사람입니다. 그래서 그는 일 탓, 환경 탓, 시기 탓을 하지 않습니다. 대신에 자신의 능력을 키우는 데 온 힘을 기울입니다. 자신력이 갖추어지면 자신감은 저절로 생깁니다. 자신감 있는 사람은 불안과 공포의 분위기에 흔들리지 않습니다. 지금 주변 상황이 어떤가요? 상황이 문제입니까? 자신이 문제입니까?

160

인간관계 다이어트

내가 좋아하는 사람, 내게 기쁨을 주는 사람, 내게 꼭 필요한 사람만 만나기에도 모자란 시간입니다. 만났을 때 특별히 재미도 없고, 딱히 좋아하지도 않는 사람을 만나 시간을 낭비할 필요가 있을까요? 절대 만나고 싶지 않은 상대가 끼어 있는 모임 역시 굳이 나갈 필요가 있을까요? 그 모임에 나오는 사람들 가운데 내가 꼭 만나고 싶었던 사람만 따로 연락해 만나면 안 되는 걸까요?

–최명기, 〈작은 상처가 더 아프다〉 중에서

161

만족의 법칙

원하는 대로 취한다면 사치와 허영에 빠져서 들뜰 수밖에 없고 결국 초점을 잃게 된다. (중략)

세상을 원하는 대로 살지 말라. 원하는 것은 끝이 없다. 필요한 대로 살면 모든 사람이 풍족하고 행복하게 살 수 있다. 필요는 결코 많지 않기 때문이다.

–전병욱, 〈자신감〉 중에서

162

웃음의 힘

자신이 일하는 일터에서 어떠한 상황에서든 재미를 찾고 긍정적인 마음으로 일을 하다 보면 웃음을 찾게 된다. 그것은 개인의 성공은 물론이고 개인이 몸담고 있는 조직에도 긍정적인 요소를 제공하는 것이다.

–문석근, 〈백만 불짜리 웃음〉 중에서

163

바보로 살아보기

TV가 우리의 속도를 규정하는데, 그 속도는 대개 빠르다. 휙휙 넘어가는 영상, 빠른 대사, 급히 바뀌는 카메라 앵글…. 게다가 TV를 볼 때엔 인간적인 관계도 형성되지 않는다. 소파에 앉은 채 서로 주고받는 것 하나 없이 그저 영상과 말을 빨아들일 뿐이다. TV를 많이 보는 사람들은 요리, 가족 간의 환담, 운동, 사랑 나누기, 사교, 자원봉사 등 삶을 진정으로 즐겁게 해주는 활동에는 시간을 덜 쓰는 것으로 연구결과 밝혀졌다.

–칼 오너리, 〈시간자결권〉 중에서

164

10년 재능

자기 스스로나 다른 사람을 향해 어떤 일에 재능이 있다거나 없다고들 평가한다. 하지만 어떤 일이든 10년 동안 꾸준히 했다면 재능이 있다는 증거다. 좋아하지 않았다면, 적성에 맞지 않았다면 도저히 10년이라는 긴 세월동안 계속할 수 없었기 때문이다.

—니시타니 쇼우지, 〈인생, 넘지 못할 벽은 없다〉 중에서

165

승진 시크릿

조직에서 인정받는 사람, 승진하고 발탁되는 사람은 누구인가? 여러 답이 있을 것이다. 하지만 분명한 점은 일단 사장과 가까운 곳에 있는 사람에게 기회가 많다는 것이다. 또는 사장이 아니더라도 결정적 인사권을 쥐고 있는 사람 근처에 있어야 가능성이 커진다.

—신현만, 〈회사가 붙잡는 사람들의 1% 비밀〉 중에서

166

내 마음 찾기

지금 스트레스가 많고 힘든 이유가 혹시 내 마음 안에 너무 많은 다른 사람의 말이나 생각이 들어와 있어서 그런 건 아닌지 한번 살펴보세요. 단식을 하듯 며칠간 전화와 인터넷을 끊고 내 몸과 마음에 귀 기울여보세요. 내 마음이 정상적인 컨디션으로 돌아옵니다.

—혜민, 〈완벽하지 않은 것들에 대한 사랑〉 중에서

167

뇌의 청춘

기발한 아이디어가 떠오르는 발상의 순간, 문제가 해결되는 환희의 순간, 우리 머릿속에서는 섬광처럼 빛이 번쩍 난다. 세로토닌과 엔도르핀이 펑펑 쏟아지면 지적 쾌감을 느낀다. 나이 들어도 늙지 않는 비결은 주름 걱정 대신 뇌의 청춘을 유지하기 위해 노력하는 일이다. 지적 쾌감, 이게 뇌의 강력한 젊음의 비결이다.

—이시형, 〈공부하는 독종이 살아남는다〉 중에서

168

입단속 기술

효과적인 입단속 기술은 우리의 성공과 실패를 좌우하는 최고의 기술이다. 자신의 학력과 경험, 성격은 잊어버려라. 말을 하기 전까진 아무 일도 일어나지 않는다. 모든 것이 우리의 입에서 나오는 말에 달려 있다. 우리가 인생에서 바라는 모든 것이 우리가 무슨 말을 어떻게 하느냐에 달려 있는 것이다. 그 사실을 잊고 말을 절제하지 못하면, 십중팔구 실패의 쓴잔을 마시게 될 것이다.

–로버트 제누아, 〈당신의 입을 다스려라〉 중에서

자신을 드러내기 위해서 말을 많이 하는 사람들이 많습니다. 다양한 매체를 통해 할 말, 안 할 말까지 말이 넘치는 사회입니다. 말이 적은 사람이나 자신의 의견을 잘 드러내지 않는 사람은 문제가 있다는 판단까지 합니다. 하지만 말의 힘은 수에 있는 것이 아니라 내용에 있습니다. 핵심도 없는 얘기를 장황하게 늘어놓는 것보다는 핵심적인 한 마디가 다른 사람에게 영향을 줄 수 있습니다.

때로는 무언(無言)이 더 힘이 있는 경우도 있습니다. 조용히 물레를 돌리고 있는 간디를 생각해보면 무언의 힘을 느낄 수 있습니다. 말이 많은 사회에서 조용히 자신의 일에만 충실한 사람이 돋보일 수 있습니다. 말을 많이 하다 보면 실수도 하게 되고 한 번 내뱉은 말은 주워 담기도 힘듭니다. 입단속을 하지 않는 것은 브레이크 없는 자동차를 운전하는 것과 같습니다. 어떻게 멈추시겠습니까?

169

고난의 기쁨

참으로 놀라운 사실은 고난이나 역경을 겪는다고 해서 통상 삶에 대한 애정이 줄지 않는다는 것이다. 그와 반대로 삶을 더욱 열정적으로 살게 되는 듯하다. 우울증의 주요 원인은 오히려 삶에 대한 열정이 충만한 상태와 연관이 깊다. 욕망을 이루려고 있는 힘껏 노력하다 보면 흥분도 하고 기운도 나지만, 일단 욕망을 충족하여 승리감에 들뜨면 이내 공허감에 빠지는 것이다.

—윌리엄 제임스, 〈인생은 살아야 할 가치가 있는가?〉 중에서

170

공감능력

우리는 본래 공감하는 것을 좋아하고, 우리 삶에서 그것을 종종 찾아냅니다. 이러한 기쁨의 예는 우리가 어린아이에게서 느끼는 기쁨입니다. 우리는 아이를 향해 미소 짓거나 무엇인가를 주거나 이야기를 들려줄 때 아이들의 빛나는 얼굴 보기를 좋아합니다. 이와 똑같이, 자연적으로 우리는 사랑하는 사람의 행복에 함께 기뻐합니다.

—달라이 라마, 〈달라이 라마의 종교를 넘어〉 중에서

171

흐르는 생각

흐르는 물 위에서는 글씨를 쓸 수 없다. 바닥의 모래로 탑을 쌓아도 금세 허물어지고 만다. 손바닥 위로 흐르는 물을 애써 쥐어도 결코 머무르지 않는다. 물은 본디 흐르도록 되어 있는 존재임을 인정해야 한다. 잡히지 않는 것을 애써 잡으려고 하면 고통이 쌓인다.

흐르는 생각을 붙잡지 말고 그대로 흘려버려라. 삶은 채우고 담을수록 무거워지고, 버릴수록 행복해진다.

–시라토리 하루히코, 〈생각을 쉬게 하라〉 중에서

172

딱 한 번의 여행

"인생은 반복해서 탈 수 있는 놀이기구가 아니에요. 한 번밖에 없는 여행이기 때문에 최대한 즐겨야 하죠. 여행 자체를 즐긴다면 우리는 이 우주가 주는 선물을 있는 그대로 만끽할 수 있을 거예요. 그런데도 사람들은 때로 지금 눈앞에 선물로 주어져 있는 그 커다란 우주를 보지 못하고 조그만 것에 집착하죠."

–존 고든, 〈에너지 버스〉 중에서

173

문제와 동행하기

달갑지 않은 상황에 처했을 때 맞서느냐 아니면 반대로 함께 가느냐는 자신에게 달렸다. 이상해 보일 수도 있겠지만 순응하고 함께 가는 것도 한 방법이다. 유약하거나 운명을 거스르지 못하고 체념해서 내린 결정이 아니다. 포기하거나 도망치는 것도 아니다. 반대로 상황과 동행하는 것은 책임 있는 결정이다. '그래, 좋아'하고 결정을 내리면 조건화된 나에서 벗어나 새로운 해결책을 찾을 수 있다.

—베르트랑 피카르, 〈인생의 고도를 바꿔라〉 중에서

174

차별적인 존재

우리는 다른 사람과 차별적인 존재가 되고 싶어 합니다. 하지만 다른 존재가 되려고 노력한다고 해서 꼭 차별적인 존재, 눈에 띄는 존재가 되는 것은 아닙니다. 세상에 존재하는 어느 누구도 똑같지 않습니다. 각자는 유일무이한 존재입니다. 우리가 우리 자신이 되면 그때 비로소 그 자체로 차별적인 존재가 됩니다.

—문요한, 〈천 개의 문제, 하나의 해답〉 중에서

175

다람쥐 쳇바퀴

자기 일이 다람쥐 쳇바퀴 도는 것처럼 항상 같다고 생각하는가? 그렇다면 누가 당신을 다람쥐로 만들었는가? 자신에게 부여된 일을 다람쥐처럼 하면 다람쥐가 된다. 다람쥐가 자신의 집안(조직)에서 원하는 것은 더 큰 먹이통(돈)과 더 큰 쳇바퀴(직위)일 뿐이다. 자기 일을 월급, 직위 그리고 다른 이들의 직업과 비교하거나 보이지 않는 조직의 오와 열을 의식하지 않을 수 있어야 한다.

—권민, 〈자기다움〉 중에서

176

지적으로 늙기

"독서와 장수는 분명히 상관관계가 있다. 독서는 생각으로 이어지는 작업이다. 또한 책을 많이 읽으려면 도서관이나 서점을 부지런히 찾아다녀야 한다. 이것만으로도 체력이 길러지는 동시에 두뇌운동이 된다. 그러므로 독서는 건강과 직결되어 있다고 말해도 과언이 아니다."

—와타나베 쇼이치, 〈지적으로 나이 드는 법〉 중에서

177

인간관계 용기

인간관계에 들어가는 데 왜 용기가 필요할까? 다른 사람과 엮이면 어떤 형태로든 마찰을 피할 수 없기 때문이다. 상처받거나 미움을 받거나 배신당할지도 모른다. 고의는 아니어도 내가 타자에게 상처를 줄 수도 있다. 이런 속성을 두려워하는 사람이 인간관계 안으로 들어가기 위해서는 용기가 필요하다. 그래서 아들러는 "모든 고민은 인간관계에서 비롯된다"라고 말했다(『삶의 과학 The Science of Living』).

–기시미 이치로, 〈나를 위해 일한다는 것〉 중에서

인간관계가 하나도 없다면 고민이 없을까요? 고민이 없을지는 몰라도 삶의 즐거움과 행복은 느낄 수 없을 것입니다. 홀로 수행(修行)을 하는 사람이라면 모를까 사람은 혼자서 살기 어렵습니다. 대부분의 사람들이 태어나면서부터 가족이라는 인간관계를 가집니다. 하지만 가정생활을 벗어나 새로운 인간관계를 맺기 위해서는 용기와 노력이 필요합니다.

다른 사람을 만난다는 것은 낯선 세계와 처음 접하는 것과도 같습니다. 당연히 두려움이 앞서고 용기를 내어도 관계형성에 반드시 성공한다는 보장도 없습니다. 하지만 이 모든 것을 극복해야 진정한 삶을 살 수 있기에 물러설 수 없습니다. 내가 상처를 받아도 내가 상처를 줘도 그것이 인간관계입니다. 상처받을 수 있는 용기, 상처 줄 수 있는 용기. 그런 용기가 있습니까?

178

좌절 경험

지나친 좌절과 어려움은 인간을 무기력하게 만들지만 좌절 경험과 어려움의 결핍은 우리를 취약하게 만듭니다.
실제 상담에서 보면 좌절이나 어려운 경험이 많은 사람들만큼이나 그러한 경험이 부족한 사람들이 찾아옵니다. 좌절이나 어려움을 겪어보지 못한 사람들은 그것을 견뎌내는 힘도 부족하기 때문입니다.

–문요한, 〈문요한의 마음 청진기〉 중에서

글을 읽고 나서 여러분만의 경험과 생각, 느낌을 자유롭게 적어 보세요!
직접 작성한 글은 카카오톡 플러스친구 "리텍콘텐츠"로 보내주시거나 인스타그램에 #책속의명언300 #리텍콘텐츠 해시태그와 함께 올려주세요. 보내주신 소감은 출판사 및 저자 SNS 계정을 통해 다른 독자들과 함께 나누고 다섯 분을 선정하여 저자 데뷔작 "쉿! 나를 깨우세요" 사인본을 보내드립니다~!

179

잘 되었던 일

우리는 살면서 겪은, 잘 안 되었던 일은 너무 많이 생각하고 잘 되었던 일은 별로 생각하지 않는다. 물론 때로는 잘 안 됐던 일을 분석하고 그것을 통해 교훈을 얻고 앞으로 그런 일을 피하는 것은 합리적이다. 그러나 사람들은 잘 안 됐던 일에서 도움이 될 만한 것을 찾기보다는 그 일을 곰곰이 생각하는 데 더 많은 시간을 보내는 경향이 있다. 더 나쁜 것은, 부정적인 사건에 그렇게 몰두하다 보면 불안하고 우울해진다.

–마틴 셀리그만, 〈마틴 셀리그만의 플로리시〉 중에서

180

자기 도량 찾기

사람은 이 세상에 올 때 하나의 씨앗을 지니고 온다. 그 씨앗을 제대로 움트게 하려면 자신에게 알맞은 땅(도량)을 만나야 한다. 당신은 지금 어떤 땅에서 어떤 삶을 이루고 있는지 순간순간 물어야 한다.

–법정, 〈아름다운 마무리〉 중에서

181

재미있는 사람 되기

꽃다운 젊음이 사라지고 서로를 향한 열렬한 사랑마저 식어버리고 난 후에도 남녀가 인생의 동반자가 되어 한길을 걸어갈 수 있으려면 서로에 대한 흥미를 잃지 않는 것이 무엇보다 중요하다. 상대방의 인성, 지혜, 경험 등이 버무려져 빚어내는 독특한 매력이야말로 세월이 흘러 백발과 주름투성이의 그, 혹은 그녀를 마주하고도 여전히 가슴 떨리는 설렘을 느끼게 해주는 남녀관계의 묘약이다.

–루이청강, 〈삼십이립〉 중에서

182

진실 찾기

유언비어와 함께 사실이나 말에 대한 악의적인 해석을 유포하는 작위적이고 위험한 여론의 움직임은 또 얼마나 많은가. 국내 문제라고 해서 외국 문제보다 더 잘 알지도 못한다. 상업이나 산업 또는 농업적 이익에 대해서도, 정당이나 사회적 경향에 대해서도, 공무원들의 인사에 대해서도 공정한 정보를 얻기란 쉽지 않다. 그래서 신문을 많이 읽을수록 문제를 명확하게 보기가 오히려 더 힘들다.

–샤를 와그너, 〈단순한 삶〉 중에서

183

재능 단순화

"누구나 관심은 많을 수 있다. 또 자신은 어떤 것에 뛰어들어도 잘할 수 있을 것 같다는 생각을 할 수 있다. 그러나 관심과 재능은 구분되어야 한다. 재능은 한 분야에 집중되어야만 성공이라는 이름을 얻을 수 있다."

패션계의 거장 조르조 아르마니의 말이다. (중략) 여러 방면에 관심이 많은 사람들의 가장 큰 단점은 무언가에 '걸어보지' 않는다는 거다. 성공이라는 이름은 자신이 가진 재능 중 하나에 자신의 삶을 '걸었을 때' 얻어지는 과실이다.

–윤태익, 〈노력 보존의 법칙〉 중에서

184

생존 비우기

새로운 곳에 도전하고 싶은가? 기존의 것을 완벽하게 비워라. '제티슨'(jettison)이란 단어가 있다. 선박이나 항공기가 비상 상황에 처했을 때 사람의 생명을 제외한 화물을 바다에 버리는 것을 말한다. 아무리 값비싼 물건이라도 난파 위기를 당했다면 버리는 게 원칙이다. 새로운 곳에 도전하는 사람은 기존의 것을 완벽하게 버릴 일이다.

–한근태, 〈일생에 한번은 고수를 만나라〉 중에서

185

일 잘하는 사람의 차이

일 잘하는 사람과 못 하는 사람의 차이는 무엇일까? 일 못하는 사람은 잘못된 가정을 많이 한다. 지극히 주관적이고 비현실적인 로드맵을 상정한다. 모든 것이 자기가 예정한 스케줄대로 착착 진행될 것이라고 생각한다. 대충 모양새만 갖추어 놓고는 만반의 준비가 되었다고 착각하고 다 잘 될 거라 방심한다. (중략) 그러니 예상치 못한 차질이 생기면 모든 일이 엉망으로 돌아간다.

–한근태, 〈오픈 시크릿〉 중에서

186

천재의 노동

천재라 불리는 사람은 힘든 일을 싫어하는 법이라고 생각하는 사람들이 있다. 하지만 이보다 더 잘못된 생각도 없을 것이다. 모든 위대한 천재는 예외 없이 제아무리 힘든 일이라도 마다 않고 해왔다. 힘든 노동을 보통사람보다 더 잘 견딜 뿐만 아니라 자신의 일에 보다 높은 재능과 불타는 듯한 정열을 바쳐왔다.

–스마일스, 〈어제를 배우며 오늘을 살고 내일을 꿈꿔라〉 중에서

187

'싫다'고 말하는 용기

자신의 정신적인 건강과 행복을 위해서는 필요할 때 "싫다!"고 말할 수 있어야 한다. 그리고 그에 대해 미안해하지 말아야 한다. "싫다"고 말해야 할 때 "좋다"고 말하다 보면 결국은 분노와 우울증에 빠져들게 된다. 우리는 스스로 자신의 인생을 조절할 수 있다고 믿는 만큼 행복을 느끼며 자신의 인생을 조절한다는 것은 싫다고 말해야 할 때 싫다고 말할 수 있는 것을 의미한다.

–앤드류 매튜스, 〈관계의 달인〉 중에서

원활한 인간관계를 위해서는 다른 사람의 요구를 적극적으로 들어주는 것이 필요합니다. 하지만 그 일이 마음에서 우러나오거나 꼭 나를 필요로 하는 일이 아니라면 일방적인 희생일 뿐입니다. 상대방이 그런 상황을 알 수 없기 때문에 한 사람으로부터 같은 일이 반복될 수도 있습니다. 한 번 "좋다"고 한 일을 다음에 "싫다"고 하기는 더욱 어렵기 때문입니다. 그로 인해 안타깝게 인간관계가 깨질 수도 있습니다. 그렇기에 가장 가까운 사람이라도 들어줄 일과 그렇지 않은 일은 반드시 구분해야 합니다.

공동체 의식이 강한 우리나라 사회에서 친한 사람끼리 부탁하는 일을 거절한다는 것은 쉽지 않습니다. 하지만 "싫다"고 말하는 단 한 번의 용기 있는 행동이 좋은 인간관계를 만드는 시초가 될 수 있습니다. 상대방이 이를 받아들인다면 그만큼 나를 존중한다는 의미이고 원활한 인간관계는 상호 존중이 기본이기 때문입니다. 다음에는 '싫을' 때 꼭 한 번 "싫다"고 말해보세요.

188

멍 때려 보기

노래하고 술 마시고 춤을 추는 것이 모두 심심해서 그런 것이다. 재미있게 논 다음 날 아침은 늘 목이 마르고 속이 쓰리고 머리가 아프다. 심심해서 몸이 뒤틀려야 새로운 생각에 잠기게 된다. 문화는 심심함에 지친 사람들이 심심함을 이기기 위해 만들어낸 놀이라는 생각이 들었다. 심심함이 없으면 창조도 없다. 불행하다고 인식한 사람만이 변화를 만들어내고, 심심한 사람들만이 심심함을 벗어날 수 있다.

—구본형, 〈나는 이렇게 될 것이다〉 중에서

189

불확실성의 지혜

모든 것은 변하며 집착은 고통을 불러온다는 자연의 법칙을 이해하고 나면 삶에 다른 방식이 있지 않을까 생각하게 됩니다. 사실 그러합니다. 바로 '불확실성의 지혜'라는 방식입니다. 이것은 변화와 함께 흘러갈 수 있는 힘이며, 모든 것을 변화의 과정으로 바라보고, 불확실한 가운데 이완할 수 있는 힘입니다.

—잭 콘필드, 〈처음 만나는 명상 레슨〉 중에서

190

고독 훈련

인간에게 고독은 너무도 자연스러운 감정이다. 인간은 누군가가 돌봐주지 않으면 생존 자체가 불가능한 상태로 이 세상에 태어난다. 따라서 인간에게는 누구나 무력한 존재로서 무서운 사람들에 둘러싸여 있다는 근원적인 공포가 있다. 이것이 바로 인간에게 고독이 숙명일 수밖에 없는 잔혹한 이유다. 어찌 보면 뼈아픈 외로움을 느끼는 것은 당연하다는 이야기다.

–양창순, 〈나는 외롭다고 아무나 만나지 않는다〉 중에서

191

공짜밥은 없다

성공을 얻는 방법은 하나뿐이며, 그것은 힘든 일을 통해서만 가능하다는 것을 명심하라. 이러한 대가를 지불할 마음이 없다면 평생을 평범하고 가난하게 보낼 수밖에 없다.
남을 위해 일하는 것이라 해도 결코 노력을 아끼지 말라. 언제나 최선을 다하라. 네가 지금 뿌린 씨앗은 반드시 결실을 맺게 될 것이다.

–오그 만디노, 〈아카바의 선물〉 중에서

192

관계 계산

계산하기를 좋아하는 사람은 세상이 언제나 자신에게만 불공평하다고 느낀다. 이를 테면 하느님이 다른 사람에게는 모든 문과 창을 열어주면서 자신에게는 어떤 문과 창도 열어주지 않는다고 생각하는 것이다. 이런 고민이 길어질 경우, 마음은 항상 불편하고 걱정스러워 아무 즐거움을 느낄 수 없다. 그저 고민과 고통만이 가득하게 된다. 이런 상태로는 어떤 일도 잘 풀리지 않으며 무엇보다 편한 마음으로 살 수 없다.

–츠샤오촨, 〈느리게 더 느리게 2〉 중에서

193

긍정적인 행복

사람은 행복할수록 자기중심적인 사고에서 벗어나며, 다른 사람들을 더 많이 좋아하고 낯선 사람들과도 자신의 행운을 나누고 싶어 한다. 그렇지만 자신이 불행하면 불신감이 깊어지고 오직 자기만을 생각하며 자기 자신만의 욕구에만 몰두하게 된다.

–마틴 셀리그만, 〈긍정심리학: 진정한 행복 만들기〉 중에서

194

성공 시제품

마음 한구석에 오랫동안 간직해온 어떤 영화의 시나리오를 쓰거나 꿈꾸던 드레스를 디자인하고 싶다면, 어떻게 완벽한 결과물을 만들 것인가에 집착해서는 안 된다. 바로 그런 이유 때문에 수많은 사람들이 활동을 멈추고 결코 시작조차 하지 못하는 것이다. 처음부터 완벽하게 만들고 싶다는 욕망을 버려라! 대신 시나리오나 드레스의 시제품을 만드는 중이라고 자신에게 말하라.

—버나드 로스, 〈성취 습관〉 중에서

195

만족 보류

최상의 제품은 결코 할인하는 법이 없는 고급 매장처럼 어떤 사람들은 할인율이 아주 낮아서 커다란 보상을 마음에 담아두고 기다릴 줄 안다. 반면에 그저 빨리 현금을 손에 넣으려고 가격을 90퍼센트까지 할인해주는 점포정리 판매처럼 미래 보상의 할인율이 아주 높은 사람들은 당장 얻을 수 있는 만족의 약속을 거부하지 못한다.

—켈리 맥고니걸, 〈왜 나는 항상 결심만 할까?〉 중에서

196

성공 시작

자기가 쌓아온 시간은 절대로 헛된 것이 아니랍니다. 그러니 그 자리에서 다시 출발하면 돼요. 바로 그 자리에서, 다시 걸어가요. 출발점은 언제나 내가 지금 서 있는 이 자리니까.

–스즈키 도모코, 〈스마일 데이즈〉 중에서

인생을 살다 보면 늘 순탄하지만은 않습니다. 일이 잘 풀리지 않을 때도 있습니다. 이때 앞뒤가 꽉 막혀 버려 그 동안 해온 일이 온데 간데 없어져 버린 느낌이 들기도 합니다. 이 시기를 넘기는 한 가지 방법은 매듭을 풀려고 하지 말고 알렉산더 대왕처럼 '고르디우스의 매듭'을 단칼에 잘라버리는 것입니다. 어려운 문제를 풀겠다고 아등바등하지 말고 새롭게 시작하세요.

단칼에 날려버리기에는 그동안의 노력이 억울할 수도 있습니다. 그래서 지금까지 걸어 온 길을 되돌아가는 실수를 범할 수도 있습니다. 하지만 그 노력은 나의 몸과 마음 어느 구석엔가 쌓여 있어 새로운 출발의 보이지 않는 밑거름이 될 것입니다. 내가 서 있는 자리는 항상 출발점으로 만들어야지 반환점으로 만들어서는 안 됩니다. 되돌아갈 에너지를 분출해 힘차게 출발하세요.

197

자기다움

만약 당신이 일을 통해서 자기다움을 구축하고 싶다면 가장 먼저 남과 같아지려는 습관부터 없애야 한다. 간단하지만 가장 어려운 것부터 소개하겠다. 먼저 TV를 꺼라. 대중을 상대로 하는 모든 매체의 대중적인 정보를 차단하라. 디지털 용어를 빌려 말하자면 당신의 일상을 '포맷'하라.

–권민, 〈자기다움〉 중에서

글을 읽고 나서 여러분만의 경험과 생각, 느낌을 자유롭게 적어 보세요!
직접 작성한 글은 카카오톡 플러스친구 "리텍콘텐츠"로 보내주시거나 인스타그램에 #책속의명언300 #리텍콘텐츠 해시태그와 함께 올려주세요. 보내주신 소감은 출판사 및 저자 SNS 계정을 통해 다른 독자들과 함께 나누고 다섯 분을 선정하여 저자 데뷔작 "쉿! 나를 깨우세요" 사인본을 보내드립니다~!

198

눈치 단절

성공하는 사람들은 남들이 무슨 생각을 하든지 거의 신경 쓰지 않는다. 그러나 남들이 우리를 어떻게 생각할까 하는 걱정을 덜기 위해서는, 남들이 우리 생각을 거의 안 한다는 점을 알아야 한다. 남들은 보통 우리 생각을 하고 있는 게 아니라 우리가 자기들을 어떻게 생각할지 걱정하고 있는 것이다. 남들을 기준으로 자신을 평가하고 비교하는 것은 심각한 에너지 낭비다.

–존 메이슨, 〈긍정의 레시피〉 중에서

199

향상 목표

자신의 능력과 지식을 지속적으로 개발하고 발전시키려는 목표를 일컬어 심리학자들은 '향상 목표(mastery goal)'라고 부른다. 향상 목표를 추구할 때 사람들은 결과를 기준으로 스스로의 가치를 평가하지 않는다. A학점을 놓치거나 매출 목표를 달성하지 못했다고 하더라도 스스로를 패배자라고 생각하지 않으며, 오히려 목표 달성을 위한 과정에서 얻은 새로운 지식과 경험을 소중하게 여긴다.

–하이디 그랜트 할버슨, 〈기회가 온 바로 그 순간〉 중에서

200

뺄셈의 선물

사람은 일단 손에 넣은 것은 '내 것'으로 소유하고 싶어 합니다. 자신이 소유한 것에 강하게 집착합니다. 그리고 그 집착으로 인해 손에 넣은 것과 자기 자신이 별개라는 것을 잊어버리고 그 결과, 그것들과 자기 자신을 일체화시켜버리는 것입니다. 그러므로 그것들을 잃어버렸을 때 자신의 일부가 떨어져나간 듯한 상실감을 맛보게 됩니다.

–노구치 요시노리, 〈행복하지 않은 날들이 주는 선물〉 중에서

201

마음의 벽

"우리는 다른 사람과 다른 특별한 사람이라는 생각, 스스로 항상 옳고 자신의 행동은 당연한 것이라는 생각에 빠져 있지. 그래서 그것이 다칠까봐 다른 사람들이 다가올 수 없도록 벽을 쌓고, 또 다치지 않게 갑옷을 입지. 어느 순간 벽 안에 갇히고 갑옷에 갇히게 되는 거야. 자신을 지키는 것이 아니라, 벽을 지키고 갑옷을 지키는 사람이 되어버린 거지."

–로버트 피셔, 〈마음의 녹슨 갑옷〉 중에서

202

나를 엎드려라

당신이 나름대로의 훌륭한 장점과 미덕을 지니고 있다면 사람들은 언젠가 그것을 그들 스스로 찾아낼 것이다. 그러나 만약 당신이 자기 자신에 대해 말을 한다면 그 말을 귀담아 듣는 이는 없을 것이다. 자기 자신에 대해 말을 적게 하면 할수록, 세상은 당신을 더욱 높게 평가한다. 그리고 자신에 관해 말이 많으면 많을수록, 세상은 당신을 믿지 않는다.

—필립 체스터필드, 〈체스터필드, 최고의 인생〉 중에서

요즘은 자기 PR 시대입니다. 퍼스널 브랜드(Personal Brand)를 알리기 위해 나의 말을 많이 하는 시대입니다. 하지만 나의 입으로 나에 관해서 이야기할 때 상대방은 잘 들으려고 하지 않습니다. 사람들이 좋아하는 것은 남이 자기의 이야기를 해주는 것이고 남이 자기의 이야기를 들어주는 것입니다. 그러니 내가 말을 할 때는 다른 사람을 칭찬하고 다른 사람이 말을 할 때에는 열심히 들어주어야 합니다.

말을 많이 해서 나를 깎아 내리는 것보다 오히려 침묵으로 나를 감출 때 더 큰 힘을 발휘할 수 있습니다. 어떤 사람을 설득해야 하거나 협상을 할 때는 최대한 상대방의 말을 많이 듣는 것이 좋습니다. 상대방의 말을 많이 들을수록 상대방을 더 많이 알 수 있고 그럼으로써 상대방이 진정으로 원하는 것을 찾아낼 수 있습니다. 반대로 내가 말이 많을수록 상대방이 나를 많이 알게 해서 결국 약점까지 보여줄 수 있습니다. 나를 낮출수록 더 높아지는 것이 진리입니다. 사람들과 이야기할 때는 바짝 엎드리십시오. 원하는 바를 얻을 수 있을 것입니다.

203

소수 선택

자신의 약점과 한계를 명확하게 아는 것은 쉬운 일이 아니다. 하지만 알고 난 후에는 수많은 삶의 선택지 앞에서 판단이 훨씬 쉬워진다. 자신의 한계를 의식하면 유연해질 수 있다. 이제 우리는 원칙적으로 많은 선택지가 있어도 우리가 선택할 수 있는 게 소수에 불과하다는 것을 안다. (중략) 그렇게 깨닫고 나면 세상의 소음과 유혹이 한결 약해져 있음을 느낄 것이다.

–바스 카스트, 〈선택의 조건〉 중에서

204

목적지 중독

이것만은 확실하게 짚고 넘어가자. 지구에 살고 있는 사람 가운데 '살아갈 시간이 너무 많으니 어서 빨리 지나갔으면' 하고 죽는 날을 손꼽아 기다리는 사람은 아무도 없다! 그럼에도 우리는 앞으로만 나아가려고 한다. "별일 없으시죠?"라는 흔한 인사에 "아, 바쁘게 지내려고요"라고 대답한다. 하루 24시간이 빠듯하기나 한 듯 분주하게 지내지 않으면 안 된다고 생각한다.

–앤디 코프 · 앤디 휘태커, 〈자체발광의 기술〉 중에서

205

인생의 허들

산다는 것은 끊임없이 죽음을 피하는 것입니다. 죽음에 대한 위험은 인생에서 끊임없는 장애물로 나타납니다. 그것을 어떻게든 피하는 것, 그것이 사는 것입니다.
인생은 '허들(hurdle) 경기' 같은 것입니다. '허들 경기'는 뛰어넘어야 하는 허들이 수없이 놓여 있습니다. 산다는 것은 그것을 하나하나 뛰어넘어 가는 과정입니다. 허들을 보고 뛰어넘지 않으면 그 사람은 죽을 수밖에 없습니다.

–알루보물레 스마나사라, 〈붓다의 행복론〉 중에서

206

24개의 보물

그때에 그는 후회와 혼동을 겪게 될 것인데, 그것은 마치 큰 재산을 소유한 사람이 그것을 낭비해 버렸거나 잃어버렸을 때와 같을 것이다. (중략) 그러므로 매일 아침 자신의 영혼에게 "신(神)은 너에게 24개의 보물을 주셨다. 그 가운데 하나라도 잃지 않도록 주의하여라. 그것을 잃어버리고 나면 그 후회를 견딜 수 없을 것이기 때문이다."라고 말해야 한다.

–알 가질리, 〈행복의 연금술〉 중에서

207

차이 인정

사람들은 누구나 친한 사람들과 있을 때 편안함을 느낀다. 그래서 나와 생각과 행동방식이 비슷하고 공통의 관심사를 가진 사람과 어울리고 싶어한다. 나와 성격이나 생각이 다른 사람을 받아들이고 존중하는 일은 쉽지 않다. 단순히 '나는 나 너는 너'라는 식이 아니라 진심으로 서로의 다름을 존중할 수 있는 사람이 위대한 사람이다. 하지만 그보다 더 위대한 사람은 나와 전혀 다른 것을 적극적으로 찾고 수용하는 사람이다.

–파울라 콕스, 〈마음의 평화〉 중에서

우리가 가장 벗어버리기 힘든 옷은 바로 나입니다. 모든 것이 나를 중심으로 생각하기 때문입니다. 이 옷을 입고 있는 한 다른 옷을 입은 사람을 인정할 수 없습니다. 이 세상은 나와는 분명히 다른 많은 사람들로 이루어져 있는데도 말입니다. 이 세상에 모두 나와 같은 생각을 가지고 같은 행동방식을 가진 사람들만 있다면 어떨까요? 모두가 똑같은 옷을 입은 세상은 더 이상 흥미롭지 못합니다.

나의 옷이 돋보이려면 나와 조금이라도 다른 옷을 입은 사람들과 어울려야 합니다. 똑같은 옷 속에 파묻혀 지내면 그렇게 중요한 나란 존재는 오히려 감춰집니다. 반대로 다른 옷을 입은 사람을 인정하고 어울릴 때 비로소 나란 존재도 인정받을 수 있는 것입니다. 멋진 옷과 어울리는 사람이 되세요.

208

중간 목표

스포츠 선수들에게는 매일매일 중간 목표가 주어집니다. 단순히 오늘 이기자고 연습하는 게 아닙니다. 오늘은 킥 하는 것만 연습하면 되고, 내일은 패스하는 것만 연습하면 됩니다. 이런 식으로 최종적으로 이기기 위한 중간 목표들을 매일 세웁니다. 인생도 마찬가지입니다. 최종 목표를 달성하기 위해 우리는 매일 리허설을 하고 있다고 생각하면 됩니다.

–김병준, 〈나는 더 강해질 필요가 있다〉 중에서

209

행복 예습하기

행복한 삶은 고난이 없는 삶이 아니라 고난을 이겨내는 삶이다. 행복은 끊임없이 굶주린 배를 채우는 일밖에 하지 못하는 야생동물에게는 의미가 없다. 행복해지려면 이성을 길러서 자신의 의지와 정신력을 일깨워야 한다. 다시 말해, 자기 수양의 원리를 깨우쳐야 한다. 행복해지려면 행복을 낳는 일들을 해야 한다.

–헬렌 켈러, 〈행복해지는 가장 간단한 방법〉 중에서

210

과식과 면역력

파스퇴르연구소의 연구에 의하면, 인터페론이라는 항암 물질이 정상인에게는 6000유니트 정도인데, 암 환자들은 평균적으로 2000유니트 정도로 저하되어 있다고 한다. 소식과 생식을 하고 있는 사람들은 1만 2000~2만 4000유니트 정도이나 주로 동물성 음식을 과식한 사람들은 압도적으로 인터페론의 수준이 낮다. 과식을 하면 면역을 담당하는 백혈구가 핏속의 찌꺼기를 잡아먹느라 지쳐서 면역력이 낮아지게 된다.

–전홍준, 〈비우고 낮추면 반드시 낫는다〉 중에서

211

걸어야 산다

걷지 않으면 살아남을 수 없었던 초기 인류 시대부터 현재까지 수백만 년이라는 시간 동안, 탈 것이 보급되어 보행 거리가 극단적으로 줄어든 것은 고작 최근 200년의 일이다. (중략) 우리의 몸은 애초부터 매일 먼 거리를 걸을 수 있으며 또 걷도록 만들어져 있다. 다시 말해, 일정량 이상의 거리를 걷지 않으면 인체는 건강을 유지할 수 없게 되어 있는 것이다.

–아오키 아키라, 〈불편해야 건강하다〉 중에서

212

고민 소멸

"1년 전 당신의 고민은 무엇이었는가? 또 2년 전, 10년 전의 고민은 무엇이었나?" 정확하게 기억이 나는가?
고민은 문제해결에 의해서 부분적으로 해소되기도 하지만 거의 모든 고민은 시간과 함께 소멸된다. 그것이 고민의 특성이다. 고민한다고 해결될 수 없는 고민은 내버려 두자.

–김희현, 〈발견은 기쁨이다〉 중에서

213

마음 소모

마음을 소모시키지 않기 위해, 약해지지 않는 마음을 기르기 위해 가장 중요한 한 가지, 그것은 바로 분명하게 말하는 것입니다.
하고 싶은 일을 하지 못하고 하고 싶지 않은 일을 할 때 마음이 소모된다고 했습니다. 이것을 바꿔 말하면 하고 싶은 말을 하지 못하고 하고 싶지 않은 말을 할 때 마음이 소모된다고 할 수 있습니다.

–고코로야 진노스케, 〈약해지지 않는 마음〉 중에서

214

추측 난무

사람들이 무슨 말을 하면 우리는 그 말을 가지고 추측한다. 만일 그들이 아무 말도 하지 않으면 이번에는 알고 싶은 욕구를 충족시키고, 소통하고 싶은 욕구를 대신하기 위해 추측을 한다. 심지어 무슨 뜻인지 모르는 말을 들었을 때조차 그것이 무슨 뜻인지 제멋대로 추측하고 그 추측을 믿어버린다. 이렇게 온갖 종류의 추측이 난무하는 이유는 사람들에게 직접 질문할 용기가 없기 때문이다.

–일레인 제임스, 〈인생을 단순하게 사는 100가지 방법〉 중에서

215

약점 도전

내 경험으로 볼 때 사람들이 성장하고 증진하는 데 실패하는 주요 원인은 딱히 능력이 부족하기 때문이 아니다. 그보다는 자신이 지닌 기량이 어느 만큼인지 혹은 기량의 역부족을 잘 알지 못하기 때문인 경우가 더 많다. (중략) 성공의 핵심은 우선 자신의 약점을 깨달은 후 이에 대처하려는 의욕을 갖는 것이다. 일단 이 도전을 받아들이려고 마음먹고 나면 엄청난 성장을 이룰 수 있다.

–로버트 스티븐 캐플런, 〈나와 마주서는 용기〉 중에서

216

이기적 용서

우리가 용서를 하는 까닭은 우리 자신과 특히 우리 자신의 건강을 위해서이다. 왜냐하면 치료에 도움을 주는 정도를 넘어 분노에 집착하게 되면, 우리는 성장을 멈추고 영혼은 오그라들기 시작하기 때문이다.

—M. 스캇 펙, 〈끝나지 않은 여행〉 중에서

다른 사람들로 인해 화가 났을 때 흥분하고 감정을 밖으로 내뱉어도 모두 풀리지는 않습니다. 화를 일으킨 제공자에게도 상처를 줍니다. 상대방은 그 원인과 상관없이 본인이 받은 상처만 생각하기 때문입니다. 그리고 결국 그 상처는 자신에게 되돌아올 것입니다. 나쁜 감정은 쉽게 잊혀지지 않아 언젠가는 다른 상대에게 표출됩니다. 그렇게 부정적 감정 표현의 악순환이 계속되고 당사자끼리의 인간관계는 서서히 금이 가게 됩니다.

분노의 순간에 그것을 참을 수 있는 자제심과 평정심이 필요합니다. 그 순간을 잘 넘기면 분노는 많이 가라앉습니다. 시간이 지나면서 감정이 수그러들고 이성적으로 생각할 수 있습니다. 내가 화를 내지 않았기 때문에 상대방도 용서할 수 있습니다. 그리고 나의 마음속에 아무것도 남지 않기 때문에 그로 인해 괴로워할 일도 없게 됩니다. 스스로를 건강한 상태로 유지할 수 있습니다. 지금 다른 사람에 대한 부정적 감정을 마음속에 품고 있다면 나의 건강을 좀 먹는 벌레 한 마리를 키우는 것입니다. 그 치료제는 오직 용서밖에 없습니다. 용서는 남의 병이 아니라 자신의 병을 치료하기 위한 약입니다.

217

운동한 뇌

갓 은퇴한 사람을 대상으로 실시한 어느 연구에 따르면, 운동을 하는 사람은 은퇴한 지 4년 후에도 뇌의 혈액의 흐름이 별로 변화하지 않았으나 비활동적인 사람은 상당히 감소한 것으로 나타났다. 새로 태어난 뉴런이 활발하게 자라지 않으면 뇌는 죽어가는 것이다. 운동은 스트레스 한계점이 낮아지는 현상을 늦추기 때문에 노화에 역행하는 얼마 안 되는 방법 중 하나다. —존 레이티 · 에릭 헤이거먼, 〈운동화 신은 뇌〉 중에서

218

부탁의 힘

다음을 기억하자. 대다수 사람들은 그들이 살아가면서 이미 저지른 일이 아니라 미처 해보지 못했던 일 때문에 후회한다. 그러므로 오늘 무언가 다른 사람에게 부탁해 볼 것이 있는지 생각해 보고, 한 번 실행해 보기를 권한다. 그 결과 당신의 삶이 영원히 달라질 수도 있다.

—탐 오닐, 〈1%의 원리〉 중에서

219

가짜 절망

절망 가운데 가짜가 있다. 본래 절망할 일이 아닌데도 잘못된 인식이나 판단 때문에 '가짜 절망'에 빠질 수 있다는 말이다. 지금 나 자신이 절망감, 우울감, 무기력감 등으로 인해 힘들어하고 있다면, 한번 그 실체를 들여다보라. 가짜일 확률이 높다. 의외로 가짜 절망이 주범인 경우가 허다한 것이다.
이 가짜 절망이 희망을 가리고, 가두고, 짓누른다.

–차동엽, 〈희망의 귀환〉 중에서

220

놓으면 잡힌다

책상 위에 형체도 없이 어지럽게 널려 있는 육중한 서류 더미와 씨름하느라 골치를 썩고 있다면 잠시 일을 내려놓자. 낮잠을 자든 영화를 보든 하자. 잡지를 읽어도 좋고 낱말 맞추기도 좋겠다. 잠재의식이 자연스레 일을 풀어나갈 것이라고, 필요한 답을 알아서 찾아다 줄 것이라고 믿어보자.

–카렌 살만손, 〈위대한 직감: 24시간을 이기는 1분〉 중에서

221

관계 역설

모든 인생은 혼자 떠나는 여행이다. 혼자 떠날 수 있어야만 외로움과 쓸쓸함을 당당하게 견디어 나갈 수 있다. 누구의 아내, 누구의 남편, 누구의 부모로써 살아가는 삶은 잠시 접어둔 채 잠시동안만이라도 오롯이 당신 자신과 마음을 터놓고 마주해보라. 당신 자신과 만나는 시간이 많아질수록 인생은 그만큼 달라질 것이다.

–사라 밴 브레스낙, 〈혼자 사는 즐거움〉 중에서

요즘 대세인 SNS(social networking system)에서는 웹상에서 친구, 선후배, 동료 등 지인과 인맥관계를 강화하고 또 새로운 인맥을 쌓으며 폭넓은 인간관계를 형성할 수 있도록 하는 좋은 기능이 있습니다. 그렇지만 다들 이런 네트워크, 사회적 관계, 인맥 만들기에만 너무 몰두하면 정작 중요한 것들을 잃어버리게 됩니다. 진정으로 세상을 바꾸고 싶고, 창조적인 사람이 되려면 이러한 관계와 별개로 고독도 즐길 수 있어야 합니다.

세상은 외향적인(extrovert) 사람을 늘 선호하지만 정작 세상을 바꾸는 것은 내성적인(introvert) 사람인 경우가 많습니다. 역사적으로 세상을 바꾼 간디와 루즈벨트도 그러했고, 애플사의 CEO 스티브 잡스나 워즈니악도 본인들이 외향적인 성격이었으면 창조적 전문가가 되지 못했을 거라고 했습니다. 이는 외향적이어서 인간관계가 복잡해 고려할 것이 많은 사람과 달리 이것저것 고려할 것 없이 자신이 옳다고 생각하는 바를 끝까지 관철시켰기 때문입니다. 세상은 소수의 내성적인 사람이 바꾸고 고독은 창의성의 열쇠입니다.

222

인생 후반전

어떤 분야에 있어서도 40세가 되기 전에 창조력을 최대한으로 발휘한 사람은 극히 드물다. 보통 사람들이 창조력을 충분히 발휘할 수 있는 것은 40세에서 60세 사이이다. 이것은 수천 명의 남녀를 주의해서 분석한 결과 밝혀진 사실이다. 그러므로 40세까지 실패를 한 사람이나 40세를 지나 이제 늙었다고 비관하고 있는 사람들은 희망과 용기를 갖기 바란다.

–나폴레온 힐, 〈놓치고 싶지 않은 나의 꿈 나의 인생 1〉 중에서

글을 읽고 나서 여러분만의 경험과 생각, 느낌을 자유롭게 적어 보세요!
직접 작성한 글은 카카오톡 플러스친구 "리텍콘텐츠"로 보내주시거나 인스타그램에 #책속의명언300 #리텍콘텐츠 해시태그와 함께 올려주세요. 보내주신 소감은 출판사 및 저자 SNS 계정을 통해 다른 독자들과 함께 나누고 다섯 분을 선정하여 저자 데뷔작 "쉿! 나를 깨우세요" 사인본을 보내드립니다~!

223

주관적 행운

운이 좋다는 생각은 행복감과 마찬가지로 개인의 주관적인 감정이라 할 수 있다. 지옥 같은 세상에 살면서도 자신이 운이 좋다고 믿는 사람이 있다. 하지만 보통 사람들은 그를 결코 행운아라 부르지 않는다. 아무리 돈이 많아도 온종일 스스로 불행하다고 생각한다면 이 역시 운이 좋은 인생이라 말하기 어렵다. 결국 행운이란 것은 전적으로 주관적일 수는 없지만 당사자의 느낌을 소홀히 해서도 안 된다.

–류쉬안, 〈잘되는 나를 만드는 행운 연습〉 중에서

224

공짜 여행

책을 읽으면 왜 인생이 바뀌고 전혀 다른 사람이 될 수 있을까? 책이야말로 내면으로부터 근본적인 변화를 이끌어내기 때문이다. 그런 점에서 책은 우리에게 여행을 다니는 것과 같은 영향을 준다. 하지만 여행은 시간과 공간에 제약을 받는다. 물질적인 측면, 사회적인 측면에서도 제약을 받는다.

–김병완, 〈나는 도서관에서 기적을 만났다〉 중에서

225

생각 에너지

살면서 겪는 우연은 말 그대로 우연처럼 보이지만, 사실 그것도 역시 에너지이고 작동하는 가능성의 장이다. 살아가면서 우리는 에너지를 사용하는 데 대부분의 시간을 보내면서도, 우리의 생각과 말과 행동이 상황을 바꾼다는 사실은 까맣게 모르고 있다. 그 결과, 우리는 이런 무한한 힘은 제쳐두고 상상이나 가능성을 전혀 활용하지 않는 기본적인 프로그램만 따른다.

–팸 그라우트, 〈E2: 소원을 이루는 마력〉 중에서

226

변화 선택

사람에게는 선택할 수 있는 것과 없는 것이 있다. 성별이나 부모, 유전자는 선택 가능한 것이 아니다. 그러나 우리는 그 밖의 많은 것을 선택할 수 있다. 심지어 국적마저도 바꿀 수 있다. 그러나 변화하려는 사람은 많지 않다. 현재에 만족하거나, 상황이 모호하거나, 귀찮거나, 용기가 없어서이다. 하지만 당신이 이곳에서 행복하지 않다는 생각이 확실하다면 다른 선택을 해야 한다.

–김진혁, 〈행복해지는 법〉 중에서

227

혼자 걷지 않기

어디론가 영원히 먼 길을 떠난다고 생각해 보십시오. 오직 한 사람만 동행할 수 있다면, 그 길을 누구와 함께 떠날 것인가요? 이렇게 소중한 사람에게 나는 정말 소중한 만큼 잘 대해주고 있는가요? 그만큼 나의 시간과 정성과 노력을 기울이고 있는가요? 바쁘다는 핑계로 차일피일 미루고 있는 건 없는지요? 멀리 있는 인연에게 한눈팔려 정작 가장 가까운 인연을 간과하고 있는 것은 아닌지요?

–월호, 〈언젠가 이 세상에 없을 당신을 사랑합니다〉 중에서

나의 인생은 누가 대신 살아주는 것이 아닙니다. 홀로 걸어가야 하는 길이기에 외로운 길입니다. 하지만 그 길을 같이 걸어주는 사람이 있다면 결코 외롭지 않을 것입니다. 지금 외롭지 않다면 함께 걷고 있는 사람이 곁에 있다는 뜻이기도 합니다. 그 사람이 누구든지 처음에는 서로 지극 정성을 다했을 것입니다. 어쩌면 함께 한 세월이 길어 자연스럽게 친밀해졌을 수도 있습니다.

세상에 태어난 이상 우리는 이미 먼 길을 떠난 것입니다. 옆에 함께 떠날 사람이 있나요? 그 사람은 우리를 대신하지는 않아도 우리와 기쁨도, 슬픔도, 즐거움도, 괴로움도 함께 나누는 사람입니다. 그래서 우리는 외롭지 않습니다. 하지만 그가 옆에 있는 것이 맞나요? 혹시 우리의 소홀함으로 그가 외로움을 겪고 있는 것은 아닐까요? 그와 함께 끝까지 가려면 다시 손을 내미세요. 시간과 정성을 다해 그의 소중함에 감사하세요.

228

실천 인격

인격이란 간단히 말해서 당신이 하겠다고 한 일을 그대로 하는 것을 말한다. 그 정의를 보면, 인격이란 가치 있는 결정을 내린 후 그것을 결정할 때의 감동이 사라진 다음에도 그것을 실천에 옮기는 능력이다.

–하이럼 W. 스미스, 〈성공하는 시간관리와 인생관리를 위한 10가지 자연법칙〉 중에서

229

울음의 치유

울고 싶을 때는 아무 생각하지 말고 마음 내키는 대로 울자. 슬프거나 감동을 받았을 때는 남들 눈치 보지 말고 눈물을 흘리며 자신의 감정을 표현하자. 그러면 속이 후련해질 것이다. 이 사실은 미국 인디언인 호피 족들도 이미 알고 있었다. 그들은 말한다.

"우는 것을 두려워하지 마라. 울음은 그대 마음의 슬픔을 내보내 줄 테니까."

–가바사와 시온, 〈괴로움을 즐거움으로 바꾸는 7가지 방법〉 중에서

230

원칙 사수

원칙이라는 것은 매사가 순조롭고 편안할 때에는 누구나 지킬 수 있다. 그런데 원칙을 원칙이게 만드는 힘은 어려운 상황, 손해를 볼 것이 뻔한 상황에서도 그것을 지키는 것에서 생겨난다. 상황이 어렵다고, 나만 바보가 되는 것 같다고 한두 번 자신의 원칙에서 벗어난다면 그것은 진정한 원칙이 아니며, 어떤 문제에 봉착했을 때 그것을 해결하고 돌파해 나가는 현명한 태도도 아니라고 생각한다.

–안철수, 〈CEO 안철수, 영혼이 있는 승부〉 중에서

231

상상력 키우기

멀티미디어를 통해 제공되는 화상과 소리들은 기술 수준이 낮은 책과는 달리 우리에게 상상력을 발휘할 기회를 주지 않는다. 어린이들이 읽기를 배울 때 처음 읽는 책은 그림이 많지만 읽기가 더 익숙해지면서 그림은 점차 문자로 대체된다. 결국 우리는 종이 위에 나열된 단어들만 보고 오직 상상력을 통해 전반적인 광경을 만들어내는 놀라운 능력을 가지게 된다.

–수전 그린필드, 〈브레인 스토리〉 중에서

232

거절 하라

거부할 줄 아는 것은 인생의 위대한 규칙이다. 더욱 중요한 규칙은 사업이나 인간관계에서 거절할 줄 아는 것이다. 귀중한 시간을 좀먹는 기괴한 일들이 있다. 부적당한 일에 몰두하는 것은 아무 일도 안 하는 것만 못하다. 사려 깊은 자에겐 자신의 본분을 지키는 것만으로는 충분치 않다. 사려 깊은 자는 남이 자신에게 부당한 일을 강요할 수 없게도 해야 한다.

–발타사르 그라시안, 〈세상을 보는 지혜 1〉 중에서

거절할 줄 모르면 시간을 낭비하게 됩니다. 대표적인 것이 술자리입니다. 우리나라 사람들은 정이 많아 헤어지기 싫어서 차수를 늘립니다. 그러다 보면 시간이 많이 흐르게 되는데 중간에 나오기가 여간 어려운 것이 아닙니다. 처음부터 술자리를 거절하는 것은 더욱 힘이 듭니다. 그런 자리를 통해 정이 쌓이는 것은 사실입니다. 하지만 휴식시간을 많이 빼앗고 다음 날까지 피로가 계속되도록 한다면 그런 정은 많이 쌓을 필요가 없습니다.

거절하지 못해 술자리를 계속 끌려 다니는 사람은 평소에도 남의 부탁이나 요구를 쉽게 거절하지 못합니다. 그래서 자기 시간을 빼앗기게 되고 남의 일을 하느라 정작 자기 일을 제대로 하지 못하게 됩니다. 자기 시간관리에서 가장 중요한 것은 거절할 줄 아는 것입니다. 내 일을 하면서도 시간만 질질 끌 수는 있습니다. 하지만 거절해도 되는 남의 일을 하는 것은 완전한 시간낭비입니다. 거절을 통해 아무 일이나 요청하지 못하도록 하는 것이 다른 사람에게 진정으로 인정받는 길입니다. 거절당한 사람이 자신의 일을 직접 함으로써 시간을 유익하게 사용할 수 있게 될 것이기 때문입니다.

233

뇌 건강관리

오래된 뇌를 가지고 있다는 것은 오래된 차를 소유하는 것이나 다름없다. '평균적인' 노인의 상태를 가정한다는 것은 20년 된 차의 '평균적인' 상태를 가정하는 것만큼이나 오해의 소지가 크다. 차의 수명은 어디까지나 운전습관과 관리에 달려 있다. 오래된 차들이 덜거덕거리고 볼썽사나운 꼴이 되어 폐차 지경에 이르는 이유는 수명이 오래되어서가 아니라 사고나 관리 소홀 때문이다. –조지 베일런트, 〈행복의 조건〉 중에서

234

문제해결사

이 세상에 아무런 문제없이 살아갈 수 있는 사람은 없다. 그러기에 우리는 문제없이 세상을 살아나가게 되기를 바라는 것이 아니라, 그 어떤 문제들 가운데서도 성공적으로 살아나가기를 원해야 하며, 그렇게 성공적으로 살아나가기 위해서 우리는 그런 문제 해결에 있어서 진정한 전문가가 되지 않으면 안 되는 것이다.

–노먼 빈센트 필, 〈세상과 나를 움직이는 삶의 기술〉 중에서

235

남의 마음

내가 실제로 체험한 경험을 바탕으로 보면 남의 마음을 읽으려고 점을 치고, 인생 상담을 하고, 마인드 리딩을 지도하는 것은 결코 올바른 방법이 아니다. 모두 망상으로 남의 마음을 이해하려고 하는 착각 행위이다. 그럼 남의 마음을 아는 방법이 없을까? 한 가지 있다. 상대방에게 직접 묻는 방법이다. 이 또한 인정머리 없어 보이는 대답이지만 가장 정확한 방법이다.

—구사나기 류슌, 〈단순하게 생각하는 연습〉 중에서

236

흔들리지 않기

사람은 자신이 작아 보일 때 우울하고 분노한다. 하지만 쑥 자라서 커진 자신을 발견했을 때는 더 이상 작은 일로 분노하거나 우울해지지 않는다. 귀찮게 구는 작은 개를 슬며시 피해버렸던 큰 개처럼 어른다운 너그러움으로 세상을 대하게 된다.

—이무석, 〈30년 만의 휴식〉 중에서

237

백만장자 마인드

1. 백만장자들은 지출할 때마다 신중히 생각한다.
2. 백만장자들은 소비가 주는 찰나의 기쁨에 연연하지 않는다.
3. 백만장자들은 소비와 행복을 동일시하지 않는다.
4. 백만장자들은 자신의 부를 흔들림 없이 지킨다.

—리처드 폴 에반스, 〈나의 백만장자 아저씨〉 중에서

238

두려움 지우기

어떤 두려움은 고도로 복잡하고 분주한 세상에서 자신을 보호하기 위한 두려움이고, 다른 두려움은 우리의 상상이 만들어냈거나 혹은 한 번 위협을 받은 적은 있지만 더 이상 존재하지 않는 대상에 대한 두려움이다. 그러므로 그것은 당신이 원한다면 던져버릴 수 있는 두려움이다.

—플립 플리펜, 〈위대한 반전〉 중에서

239

죽은 자의 목표

죽은 자가 더 잘 할 수 있는 그런 목표는 정하지 마라. 이를테면 초콜릿 그만 먹기 같은 것이야말로 죽은 사람이 더 잘할 수 있는 일이다. 죽은 사람은 결코 다시는 초콜릿을 먹을 수 없을 테니까 말이다. 우울해지지 않기도 죽은 사람이 더 잘할 수 있는 일이다. 죽은 사람은 결코 다시는 우울해질 수가 없기 때문이다. 어떤 일을 하지 않기나 그만두기 같은 목표는 죽은 사람들의 목표다. —루스 해리스, 〈행복의 함정〉 중에서

240

결함의 미학

가장 맛있는 음식은 매끼 한 상 가득 차려진 산해진미가 아니라, 배고플 때 먹는 라면 한 그릇이다. 모두 경험해봐서 알 것이다. 배고픔은 미각을 예민하게 만들고 온몸으로 음식의 맛을 느끼게 한다. 마찬가지로 너무 완벽한 인생은 사람을 나태하게 만들어 더 이상 동기부여를 하지 못한다. 반면 완벽하지 않다는 배고픔은 현재 내가 가진 것을 더욱 소중하게 느끼게 해준다. —무무(木木), 〈사소한 것들로부터의 위로〉 중에서

241

현세의 지혜

이 세상은 연이어 왔다가 또 떠나가는 손님들을 위하여 마련된 식탁과 같다. 여기에는 금 접시와 은 접시, 풍부한 음식과 향료가 있다. 현명한 손님은 자신에게 충분할 만큼 먹고 향료의 냄새를 맡은 다음 주인에게 감사의 말을 하고 떠나간다. 반면 어리석은 손님은 금 접시와 은 접시를 가지고 가려고 하다가 오히려 손이 비틀어지고 절망하여 불행하게 쫓겨나게 될 뿐이다.

—알 가잘리, 〈행복의 연금술〉 중에서

우리의 자아는 다른 사람들과의 비교를 통해 정체성을 찾으려고 합니다. 자신보다 높은 사람들을 비방하여 끌어내림으로써 상대적으로 자신을 높입니다. 자기 주변의 뛰어난 사람이 마치 자신인 양 자랑하며 다른 사람들보다 우월해지려고도 합니다. 하지만 이것은 진정한 자기 모습이 아닙니다. 나의 자아가 그로 인해 위치가 높아지거나 고귀하게 바뀌는 것이 아니기 때문입니다.

나는 나입니다. 이 세상 단 하나뿐인 소중한 존재입니다. 부족하고 작더라도 나의 참모습을 있는 그대로 바라볼 때 나의 마음은 외부와의 비교에 흔들리지 않을 수 있습니다. 또한 다른 사람을 하나의 소중한 존재로 인정할 수 있습니다. 이것이 바로 큰마음이요 자유로운 마음입니다. 이런 마음속에 진정한 평화와 휴식이 찾아옵니다. 우리의 마음도 깊어지는 시간을 가져보면 좋겠습니다.

242

자리 찾기

"자신의 능력과 약점을 제대로 알지 못하면 실패할 일에 희망을 걸고, 부적절하거나 아주 나쁜 상황에서 일을 시작하게 된다. 스스로를 성공할 수 있는 위치에 배정하는 것이 무엇보다 중요하다. 그래야만 성공할 수 있다."

–서광원, 〈사자도 굶어 죽는다〉 중에서

243

행복한 우연 만들기

행복한 인생이란 우연히 만들어지는 것이 아니라 우연히 찾아온 행운을 어떻게 내 것으로 만드느냐에 달려 있다.
세렌디피티는 운을 불러들이는 능력이기도 하다. 이 능력을 내 것으로 만들면, 날마다 우리 눈앞을 마치 회전목마처럼 스쳐 지나가는 '영감의 씨(運)'를 바로 이때다 싶을 때 붙잡을 수 있게 되는 것이다.

–이노하라 시게아키, 〈행복한 우연 Serendipity〉 중에서

244

꿈의 숙성

세상의 모든 꿈은 숙성기간이 다 다르다. 알을 깨고 나오려는 병아리의 꿈은 달걀이 부화되기까지의 21일이 필요하고, 세상 밖으로 나오려는 아기의 꿈이 이루어지는 데는 열 달이 걸리며, 코끼리는 2년이나 기다려야 한다. 꿈도 마찬가지다. 어떤 꿈은 며칠 만에도 이루어지지만 어떤 꿈은 꼬박 20년이 걸리기도 한다. 그렇기 때문에 우리는 많은 꿈을 가져야 한다. 너무 지나치지 않나 생각될 정도로, 종이 위에 적어도 101가지 꿈은 적혀 있어야 한다.

–잭 캔필드 · 마크 빅터 한센, 〈잭 캔필드의 응원〉 중에서

245

행복 프레임

우리는 서로 다릅니다. 그 다름으로 인해 우리 각자는 유일한 존재이며 각자가 받은 사명 또한 고유합니다. 우리의 이러한 위대함을 기뻐하며 자존감이 날로 자라게 합시다. 그럴 때 행복은 활짝 피어날 것입니다.

–안드레아 가스파리노, 〈지금 행복하세요?〉 중에서

246

1도 전환

결과를 바꾸고 싶다면 반드시 원인을 바꾸어야 한다. 그러나 지금까지의 삶이 기대와는 정반대로 전개되고 있다고 해서 항상 180도의 전환이 필요한 것은 아니다. 오히려 1도의 관점 전환과 1퍼센트의 행동 변화만으로도 충분한 경우가 더 많다. 운전이나 사격을 해본 사람이라면 각도를 1도만 바꿔도 도착 지점이 완전히 달라진다는 사실을 잘 알 것이다.

―이민규, 〈1%만 바꿔도 인생이 달라진다〉 중에서

인생을 살다 보면 가고 있는 길이 때로는 험해지고 때로는 꽉 막혀버릴 수 있습니다. "아! 이 길이 아니구나" 할 때도 있겠지요. 그렇다고 우리의 인생길을 처음으로 되돌릴 수는 없습니다. 끝까지 가야 할 길이기 때문에 멈춰 있을 수도 없습니다. 또한 지금까지와는 전혀 다른 길을 다시 간다는 것도 해 볼 수 있지만 사실은 막막한 일입니다. 하지만 약간만 다른 방향으로 발걸음을 옮긴다면 그동안 보이지 않던 길이 보이기 시작할 수 있습니다.

인생에는 '리셋 기능'도 '게임 오버'도 없습니다. 처음으로 되돌릴 수도 없지만 중간에서 끝나버리지도 않는 것입니다. 오직 관문 통과만 있을 뿐입니다. 관문이라는 인생의 중간의 목표와 전체의 목표만 뚜렷하게 세운다면 가는 길이 곧든 굴곡이 심하든 상관없습니다. 올바른 길을 향해 순간순간 1도라도 방향전환을 하면 되는 것입니다. 지금 일이 잘 풀리지 않습니까? 그렇다면 일하는 방식을 조금만 바꿔보세요. 엉킨 실이 풀리기 시작할 것입니다.

247

생각 체증 해소

생각으로는 문제를 풀 수 없습니다. 오히려 문제를 더욱 복잡하게 만들 뿐입니다. 해답은 언제나 스스로 우리를 찾아옵니다. 복잡한 생각에서 한걸음 벗어나, 고요함 속에 진정으로 존재하는 바로 그 순간에 말입니다. 비록 찰나에 지나지 않는다 할지라도 그 순간 해답을 얻게 됩니다.

–에크하르트 톨레, 〈이것 또한 지나가리라〉 중에서

글을 읽고 나서 여러분만의 경험과 생각, 느낌을 자유롭게 적어 보세요!
직접 작성한 글은 카카오톡 플러스친구 "리텍콘텐츠"로 보내주시거나 인스타그램에 #책속의명언300 #리텍콘텐츠 해시태그와 함께 올려주세요. 보내주신 소감은 출판사 및 저자 SNS 계정을 통해 다른 독자들과 함께 나누고 다섯 분을 선정하여 저자 데뷔작 "쉿! 나를 깨우세요" 사인본을 보내드립니다~!

248

인정 받기

사람들은 보통 '내 생각에는'이라는 말로 대화를 시작하곤 한다. 애써 자기 생각임을 강조하려는 것이다. 자신의 생각이라는 것을 강조하면 다른 사람들로부터 인정받을 수 있을 것 같아서 이런 식의 대화습관이 생긴다. 하지만 대체로 이런 방식의 대화는 자신이 기대했던 결과를 얻어내지 못하는 경우가 대부분이다. 이런 말을 듣는 상대방은 '또 잘난 체 한다.'라거나 '혼자 떠들고 있네!'라는 식으로 생각해버리기 때문이다.

—레스 게블린, 〈찬스를 만드는 만남의 기술 15〉 중에서

249

사랑하는 친구 만들기

"그는 수많은 다른 여우들과 똑같은 여우에 지나지 않았어. 하지만 내가 그를 친구로 삼았으니까, 지금은 세상에 단 하나밖에 없는 여우가 된 거야."

—생텍쥐페리, 〈어린왕자〉 중에서

250

나뭇가지를 잘라라

나는 행복해지기로 마음먹은 몇 년 전부터 하루하루가 기쁨의 연속이었다. 사고방식을 바꾼 뒤로 시각이 달라진 덕분이다. 바꿔야 좋겠다 싶은 게 있으면 바꿨고, 내 힘으로 바꿀 수 없는 건 신경 쓰지 않기로 생각을 바꿨다. 행복하게 살 건지, 불행하게 살 건지는 선택하기 나름이다. 행복하게 살기로 마음먹으면 다음 절차는 간단하다. 불행하게 만드는 것들을 없애고 사방을 행복하게 만드는 것들로 가득 채우면 된다.

–제프 톰슨, 〈코끼리와 나뭇가지〉 중에서

251

절대긍정

성공하려면 초심, 열심, 뒷심의 3심이 필요하다. 처음에 가졌던 각오와 자신감을 시간이 지나도 잃지 않는 초심, 끈기 있게 도전하는 불굴의 정신을 유지하는 열심, 일을 확실하게 마무리하여 성과를 최대화하는 능력을 갖추는 뒷심이 그것이다. 이 세 가지 마음을 지속적으로 유지하는 에너지는 무엇보다도 절대긍정의 마인드에서 나온다.

–김성환, 〈절대긍정〉 중에서

252

고통의 비밀

나는 … 단지 고통이 모든 사람에게 항상 나쁜 것은 아니라는 사실을 지적하고 싶을 뿐이다. 대개 나쁜 것에는 어느 정도 좋은 것이 섞여 있기 마련이며 그것을 발견하는 사람은 뭔가 귀중한 것을 얻게 된다. 그리고 이것이 도덕적이고 영적인 발전의 열쇠가 된다. 셰익스피어는 이런 글을 남겼다.

역경의 열매는 달콤하다오.
그것은 두꺼비처럼 추하고 독살스럽지만
머리에는 귀한 보석을 품고 있다고.

—조나선 헤이트, 〈행복의 가설〉 중에서

253

화해 작업

행복한 부부가 불행한 부부와 크게 다른 점은 부부싸움을 하는 중에 아니면 하고 난 후에 곧바로 보수 작업을 한다는 점입니다. 상황이 더 악화되지 않도록 브레이크를 밟는 것이죠.

—최성애, 〈행복수업〉 중에서

254

다른 우물파기

무엇보다 한 우물만 파야 한다는 믿음은 인간으로 하여금 새로운 시도를 하지 못하게 막는다. (중략) 물론 한 사람이 할 수 있는 일에는 어느 정도 한계가 있다. 그러나 한 우물을 파는 것이 최고라는 생각, 단 하나의 전문직을 고수하는 것만이 최선의 길이라는 생각만 버려도 당신 앞에는 새로운 세계가 열릴 것이다.

–올리버 버크먼, 〈행복 중독자〉 중에서

255

감사 효과

감사하는 태도를 가진 사람은 정신적 상처나 스트레스를 훨씬 덜 받는다. 단지 심리학에만 국한되는 이야기가 아니다. 긍정적인 마음을 유지하는 사람들은, 부정적인 사람들에 비해 강한 면역력을 가지고 있다는 사실이 밝혀졌으며, 같은 스트레스의 상황에서도 질병의 위험에서 벗어나 평균 10년 이상 장수하는 것으로 분석되기도 한다.

–데보라 노빌, 〈감사의 힘〉 중에서

256

현재를 살아라

일생을 통해 하등 도움이 안 되는 감정이 두 가지가 있다. 이미 일어난 일에 대한 자책감과 아직 일어나지 않은 일에 대한 섣부른 걱정이 그것이다. (중략) 자책감은 '과거'에 행한 어떤 행위의 결과 옴짝달싹 못한 채 현재의 순간들을 잡아먹는 것을 의미한다. 반면 걱정은 '미래'에 일어날지도 모르는 어떤 일 때문에 현재 안절부절못하고 있는 상태다.

–웨인 다이어, 〈행복한 이기주의자〉 중에서

과거에 대한 자책감과 미래에 대한 걱정은 지금 내가 해결할 수 있는 일이 아닙니다. 해결하지도 못할 일을 가지고 끙끙대는 것이야말로 세상에서 가장 어리석은 짓입니다. 나의 노력으로 기분 좋게 만들 수 있는 현실을 회피하고 불편한 감정에 사로잡혀 있는 것입니다. 그런 사람들은 항상 시간이 부족하다고 말합니다. 해야 할 일은 안하고 근심 걱정만 하고 있으니 시간이 부족할 수밖에 없습니다.

시간은 흘러갑니다. 그 시간은 누구에게나 공평합니다. 그 시간을 가장 충실히 이용하는 방법은 지금 이 시각을 충실히 사는 것입니다. 1초 앞의 일을 하는 것입니다. 순간순간 닥치는 일을 하느라 앞뒤가 보일까요? 인생의 성과는 충실히 보낸 시간에 비례합니다. 그러므로 성공한 사람은 자기 일에 시간을 가장 많이 사용한 사람입니다. 과거에 잘못한 일이 있나요? 깨끗이 잊어버리세요. 미래가 걱정되나요? 지금 바로 앞에 있는 일을 먼저 해결하세요. 일에 몰두하는 순간 잡념은 사라집니다.

257

운명의 짐 벗기

인간의 육체는 압력이 없으면 파열된다. 그와 똑같이 인간의 정신도 고뇌하는 압력이 없어지면 파괴된다. 배가 항해하려면 압력을 가하는 물체가 필요한 것처럼 인간에게도 육체나 정신에 고뇌라는 압력이 반드시 필요한 법이다.
따라서 인간에게는 노동과 가난과 정신적 가책이나 고뇌 같은 가압 장치들이 함께 따라다녀야 한다. 그렇다면 우리가 그토록 벗어버리고 싶은 것들은 사실상 운명처럼 짊어져야 살 수 있다는 결론을 얻을 수가 있다.

–쇼펜하우어, 〈사랑은 없다〉 중에서

258

영혼의 눈 밝히기

육신과 영혼은 늘 숨바꼭질 한다. 육신이 눈을 뜨면 영혼이 잠들고, 영혼이 눈을 뜨면 육신이 잠든다. 그래서 돈과 권력, 명예 등 육신의 욕망에 집착하면 영혼이 눈멀고, 영혼의 실체를 깨달으면 그런 욕망에서 저절로 멀어진다.

–김상운, 〈왓칭 WATCHING〉 중에서

259

존중감 키우기

자기존중감이 높은 사람들은 다른 사람보다 자신이 더 낫다는 생각을 하지 않는다. 즉, 그들은 어떤 표준적 기준으로 자신을 평가하여 자신의 가치를 입증하려고 하지 않는다. 그들은 타인보다 우월한 자신의 모습에서 어떤 기쁨을 찾는 것이 아니라 있는 그대로의 자신의 모습에서 기쁨을 찾는다.

–나사니엘 브랜든, 〈나를 존중하는 삶〉 중에서

260

상어가 되라

"자네는 매일 금붕어가 될지, 상어가 될지를 선택해야 해. 그저 가만히 앉아서 누군가 던져 주는 먹이만을 기다릴지, 아니면 자네 스스로 찾아 나설지를 말이야. 매일 자네는 자네가 옳다고 믿는 것, 생각하는 것, 그리고 그로 인한 행동까지도 선택해야 해. 하지만 잘 기억해 두게. 어디까지나 결정은 자네 몫이야. 자, 어느 쪽이 될 텐가? 금붕어인가, 상어인가?"

–존 고든, 〈상어와 금붕어〉 중에서

261

나를 넘어라

자기 발에 맞으면 그 신발을 신어라. 하지만 발에 맞지 않으면 미련을 두지 말고 버려라. 다른 사람들의 비판 때문에 자기의 자신감에 상처를 주어서는 안 된다. 인생의 승자는 다른 사람보다 우월한 사람이 아닌 과거의 자신보다 우월한 사람이다.

–로버트 K. 쿠퍼, 〈로버트 쿠퍼 박사의 100퍼센트 인생 경영〉 중에서

에밀 쿠에가 만든 '나는 날마다 모든 면에서 점점 더 좋아지고 있다'는 자기암시 주문이 있습니다. 이 문구를 되풀이하는 효과로 자아를 긍정적으로 보게 되고 또한 세상을 긍정적으로 보게 됩니다. 그럼으로써 자신을 조절할 수 있게 되고 병도 치료할 수 있다고 합니다. 세상에서 승리하는 것은 다른 사람을 이기는 것이 아닙니다. 그것은 나 자신을 이기는 것입니다.

우리가 자신을 이기고 어제의 자신보다 조금이라도 더 나아지려고 노력할 때 세상에서도 승리할 수 있습니다. 나와 남은 다릅니다. 그래서 다른 사람의 능력과 나의 능력도 다릅니다. "최선을 다했다."라고 말할 수 있는 것은 남과 비교한 기준이 아닌 자신의 한계와 관련이 있습니다. 매일매일 어제의 한계를 넘어설 작은 도전을 할 때 자신의 한계는 무한하게 확장될 수 있습니다. 나를 지배하고 세상을 지배할 수 있습니다.

262

자신의 길을 점검하라

넓은 길은 누구나 가는 길이다. 당신은 당신의 고유한 길을 찾아내야 한다. 그렇게 하기 위해서는 다른 사람들의 눈치를 살피는 것으로는 족하지 않다. 당신의 길이 무엇인가에 대해 섬세히 고찰하고 귀를 기울여야 한다. 그 길을 발견하면 비록 그 길에서 심한 외로움을 느끼는 경우가 있더라도 용기를 내어 걸어갈 결단을 내려야 한다. 당신의 고유한 길만이 당신을 성장하게 하고 참된 삶으로 인도할 것이다.

–안셀름 그륀, 〈행복한 선물〉 중에서

263

하지 못한 일 하기

아마도 확실한 한 가지 사실은 그 사람의 인생 바구니 안에는 여전히 마무리 짓지 못한 일들이 남아 있다는 것이지요. 진실은, 아무도 우리가 얼마나 살 것인지를 모른다는 것입니다. 그러나 슬프게도, 우리 인간은 마치 영원히 살 것처럼 행동하고 있습니다. 우리는 마음 깊은 곳에서 하고 싶어 하는 일들을 계속 미루고 있습니다.

–리처드 칼슨, 〈사소한 것에 목숨 걸지 마라〉 중에서

264

내면 전투

우리는 종종 싸움을 오직 타인과 관계하는 방식으로 생각한다. 그러나 가장 큰 싸움은 우리의 내면에서 발생한다. 마음을 통제하는 것이야말로 우리가 직면하는 가장 큰 도전이자 핵심적인 전장(戰場)이라고 할 수 있다.

–주디스 라이트, 〈단 하나의 결심〉 중에

265

1만 시간의 법칙

신경과학자인 다니엘 레비틴(Daniel Levitin)은 어느 분야에서든 세계 수준의 전문가, 마스터가 되려면 1만 시간의 연습이 필요하다는 연구결과를 내놓았다. "작곡가, 야구선수, 소설가, 스케이트선수, 피아니스트, 체스선수, 숙달된 범죄자, 그밖에 어떤 분야에서든 연구를 거듭하면 할수록 이 수치를 확인할 수 있다. 1만 시간은 대략 하루 세 시간, 일주일에 스무 시간씩 10년간 연습한 것과 같다. (중략) 어느 분야에서든 이보다 적은 시간을 연습해 세계 수준의 전문가가 탄생한 경우를 발견하지는 못했다. 어쩌면 두뇌는 진정한 숙련자의 경지에 접어들기까지 그 정도의 시간을 요구하는지도 모른다."

–말콤 글래드웰, 〈아웃라이어〉 중에서

266

미래의 눈

성공적인 삶을 살아가는 사람은 미래의 관점에서 현재를 바라볼 수 있는 능력을 가진 사람이다. 지금 무엇을 할 것인지를 결정하려면 미래의 관점에서 과거와 현재를 조망해야 한다.

–이민규, 〈자기긍정의 힘〉 중에서

267

주어진 길

내게는 내게만 주어진 길이 있다. 하늘이 내려준 귀중한 길이 있다. 어떤 길인지는 모르지만 다른 사람은 걸을 수 없다. 나만이 걸을 수 있는, 두 번 다시 반복해서 걸을 수 없는 이 길. 넓을 때도 있고 좁을 때도 있다. 오르막도 있고 내리막도 있다. 벽으로 둘러싸여 사방이 안 보일 때도 있고, 비지땀을 흘리며 걸어야 하는 길도 있다.

–마쓰시타 고노스케, 〈해야 할 일은 해야 한다〉 중에서

268

즐기는 여정

많은 사람들이 낚시를 즐기면서도 자신이 진정으로 원하는 것이 물고기가 아니라는 사실을 깨닫지 못한다. 사람들은 삶의 전체 여정을 생각하지 않고 목적지에 도착하는 일에만 초점을 맞춘다. –존 요코하마 · 조셉 미첼리, 〈How? 물고기 날다〉 중에서

269

환경을 지배하라

정신적인 스트레스란 우리에게 주어진 조건에 저항하거나 도피하고자 함으로써 스스로를 그물에 가두는 데서 생겨나는 것일 뿐, 우리에게 주어진 조건 자체에 어떤 힘이 있는 것은 아니다. 스트레스를 '창조할 수 있는' 힘을 가진 것은 아무것도 없다. 어떤 사람에게는 혈압을 올리는 시끄러운 음악이 다른 사람에게는 기쁨의 원천이 될 수 있다. 이혼도 원하지 않을 때에는 큰 아픔이 되지만, 원하는 사람에게는 해방을 뜻한다. –데이비드 호킨스, 〈의식 혁명〉 중에서

270

일 중독

내 일에 애정을 쏟지 않는다면 그것은 내 일이 아니라, 남의 일을 대신 해주는 것에 불과하다. 무슨 일이든 그 일에 흠뻑 빠지지 않는다면 그것은 결코 내 일이 아니다. 지금 하는 일을 좋아하고 사랑하려면 그 일을, 지금 만들고 있는 제품을 끌어안고 자야 한다. 그만한 관심과 애정이 없다면 자기 일이 아니다.

–이나모리 가즈오, 〈왜 일하는가〉 중에서

'워크홀릭(workaholic) 일 중독'이라는 표현이 등장하면서 일에 미친다는 것이 마치 약물 중독처럼 나쁜 것에 중독되는 양 인식이 바뀌었습니다. 그러나 여전히 성공하는 사람은 자기 일에 열정을 갖고 미쳐 있는 사람입니다. 일을 하는 것만으로도 행복할 수 있고, 성공함으로써 조화로운 삶도 추구할 수 있게 되는 것이 아닐까요?

일에 미치고 싶어도 일이 없는 사람도 있습니다. 지금의 일이든 새로운 일이든 불꽃처럼 내 몸을 태워 일할 수 있는 사실에 감사해야 합니다. 상위 1%의 사람들은 노는 것보다 일이 즐거운 워크홀릭입니다. 지금 주어진 일을 애인만큼 사랑하고 집중하세요. 노는 것만큼 일하는 것도 괜찮다고 말할 수 있는 상태에 점차 도달할 것입니다. 그것이 바로 상위 1%로 다가가는 신호입니다. 그러면 어느새 최선의 선택이 최고의 선택으로 되어 있지 않을까요?

271

성격 변화

사람의 성격은 잘 바뀌지 않는다. 또 많은 사람들이 그렇게 믿는다. 주위에서 성격을 바꿨다는 사람을 잘 보지 못했기 때문이다. 성격이 변하는 사람이 왜 없을까? 바꾸려고 노력하는 사람이 별로 없기 때문일 것이다. 그러면 왜 노력을 하지 않을까? 노력으로 성격이 바뀌지 않는다고 믿는 탓도 있겠지만, 설령 바뀐다고 해도 별 이득이 없다고 생각하는 탓도 있을 것이다.

–이정전, 〈우리는 행복한가〉 중에서

글을 읽고 나서 여러분만의 경험과 생각, 느낌을 자유롭게 적어 보세요!
직접 작성한 글은 카카오톡 플러스친구 "리텍콘텐츠"로 보내주시거나 인스타그램에 #책속의명언300 #리텍콘텐츠 해시태그와 함께 올려주세요. 보내주신 소감은 출판사 및 저자 SNS 계정을 통해 다른 독자들과 함께 나누고 다섯 분을 선정하여 저자 데뷔작 "쉿! 나를 깨우세요" 사인본을 보내드립니다~!

272

천사와 악마

"너의 마음조차 통제할 수 없는 한 차원 높은 자아가 네 안에 존재하고 있어. 오로지 관찰과 경험을 통해서만 그 자아와 소통할 수 있을 게야. 마음이란 놀라운 시중 같다가도 끔찍한 주인으로 돌변할 수 있거든."

–존 펜버티, 〈인생 To Bee or Not To Bee〉 중에서

273

세상의 구멍

인생의 가치가 돈을 버는 것이라고 생각하는 사람도 있겠지만 저는 세상의 구멍을 메우는 것이라고 봅니다. 세상에 구멍이 뚫려 있으면 사람들이 어려움을 겪기 때문에 구멍을 메우는 것이 인생에서 가치 있는 일, 아니 인생 그 자체라고 여깁니다. 일로 메울 것인지, 학문으로 메울 것인지는 각자가 결정할 일입니다.

–요로 다케시, 〈바보의 벽을 넘어서〉 중에서

274

쉬어가기

나무의 나이테가 우리에게 가르치는 것은
나무는 겨울에도 자란다는 사실입니다.
그리고 겨울에 자란 부분일수록 여름에 자란 부분보다
더 단단하다는 사실입니다.

—신영복, 〈처음처럼〉 중에서

275

내가 내민 손

물질의 기근도, 친구의 기근도 있다. 육체적 치유가 필요할 수도 있다. 가정의 평안이 절실할 수도 있다. 어떤 경우든 최선의 기근 탈출법은 자신의 필요에서 눈을 떼고 남의 필요를 채워 주는 것이다. 축 처진 어깨로 앉아 있지 말고 누군가 격려해 줄 사람을 찾으라. 행복의 씨앗을 뿌리라. 때가 되면 추수할 것이다.

—조엘 오스틴, 〈내 인생을 바꾼 긍정의 힘: 실천편〉 중에서

276

하나의 나

당신은 세상에 단 한 명이기에, 당신이 찾지 않으면 다른 누구도 찾아줄 수 없다. 가고 싶은 길을 걸으라. 그것이 자신을 찾는 가장 좋은 방법이다. 삶은 자기를 발견하기 위한 모험이다. 당신은 다르다. 누구보다 낫고 누구보다 못하다는 것이 아니라, 단지 다르다. 당신이란 사람은 하나뿐이고 또 특별하다. 당신은 경이롭고 놀랍다. 당신이 될 수 있는 모든 것이 되라. 당신 자신이 되라.

—매튜 켈리, 〈위대한 나〉 중에서

나는 세상에 단 하나의 존재입니다. 잉태될 때도 수억 대 일의 경쟁률을 뚫은 대단한 존재입니다. 그런데도 사람들은 자신의 가치를 잘 모르고 있습니다. 자신에 대해 잘 알려고 하지도 않습니다. 그래서 대부분 평범하게 생을 보내는가 봅니다. 하지만 내가 단 하나의 존재인 만큼 그 고유한 모습과 창조 목적이 분명히 있을 것입니다. 그렇지 않다면 힘들게 사람을 다르게 만들 필요가 없었을 것입니다.

동물과 달리 인간은 우리의 자유로운 의지대로 살아갈 수 있습니다. 삶의 선택권이 있습니다. 그런데 대부분의 사람들은 그 의지가 아닌 동물처럼 본능적으로 사는 것 같습니다. 선택을 회피하고 주어진 대로 살려고만 하는 것입니다. 하지만 우리는 더 나은 모습으로 살아갈 수 있습니다. 그러기 위해 세상에 하나뿐인 나를 먼저 사랑하세요. 그 가치를 잘 알아보세요. 그리고 그 가치대로 살아가세요.

277

선택된 고통

인간은 쉽게 수동적으로 받는 쾌락을 따분하게 여기며, 직접 쟁취한 쾌락을 훨씬 더 좋아한다. 그는 무엇보다도 먼저 행동하고 정복하는 일을 좋아하는 것이다. 괴롭힘을 당하거나 참고 견디는 일을 좋아하지 않는다. 그러니까 그는 행동이 없는 즐거움보다는 오히려 스스로 행동할 수 있는 고통을 선택한다.

—알랭, 〈알랭의 행복론〉 중에서

278

벼랑 끝

훌륭한 리더들은 종종 자신을 벼랑 끝에 세운다. 그리고 그곳에서 뛰어내린다. 모든 사람이 다 벼랑 끝에서 하늘로 날아오르는 데 성공하는 것은 아니다. 그러나 벼랑 끝에서 뛰어내리지 않고 하늘을 나는 새는 없다.

—구본형, 〈사람에게서 구하라〉 중에서

279

자기 나침반

혹시 우주가 우리에게 결정적인 단서나 가야 할 방향을 가리키는 나침반을 준다면 정말 도움이 될 것이다. 사실 나침반은 당신에게 있다. 그것을 발견하기 위해 당신은 다만 자기 내면을 바라보고 자기 영혼의 가장 순수한 바람, 즉 삶에서 당신의 영혼이 꿈꾸는 것을 발견하기만 하면 된다.

–디팩 초프라, 〈바라는 대로 이루어진다〉 중에서

280

좋은 파트너

인간관계는 쇼핑과 다르다. 인간관계는 좋은 파트너를 '선택'하는 일이 아니라, 좋은 파트너가 '되는' 일이다. 친구 사이에서도 그렇고, 연인 사이에서는 더욱 그렇다. 그런데도 사람들은 자꾸만 '밑지지 않는' 선택을 하려고 한다. 하지만 관계란 호혜적인 것이기 때문에 상대방도 밑지지 않겠다고 나오는 순간, 서로 행복할 수 있는 선택이 불가능해져 버린다.

–김난도, 〈아프니까 청춘이다〉 중에서

281

내어버림

새로운 것을 도입할 때 반드시 필요한 것은 지금까지 지녀온 것들을 버리는 작업이다. 기존의 방식을 고수한 채로 새로운 것을 도입해봤자 진정한 변화는 요원하다. 과감하게 버렸을 때 비로소 변화는 이루어진다.

'버릴 수 있는 양'이 그 사람의 '변화할 수 있는 양'을 결정한다. 버릴 것은 과감히 버리고 새로운 자신의 모습을 받아들이라.

–야스다 요시오, 〈만원짜리는 줍지마라〉 중에서

282

문제 역설

"살아가면서 닥치는 모든 문제는 뭔가 중요한 일을 깨닫게 하기 위해서 발생합니다. 그리고 자신이 해결하지 못할 문제는 절대로 일어나지 않습니다. 자신에게 일어나는 문제는 자신이 해결할 능력이 있고, 그 해결을 통해 중요한 사실을 배울 수 있기 때문에 생기는 것입니다."

–노구치 요시노리, 〈거울의 법칙〉 중에서

283

자기 단련

놀면서 즐거움을 찾는 사람에게는 큰 기쁨이 오지 않는다. 가장 힘든 '지금'이 있어야만 가장 값지고 기쁜 '미래'를 껴안을 수 있다. 세상은 '자신에게 호되고 남에게 후한 자'에게 궁극적으로 성공이라는 단어를 선물한다.

–전옥표, 〈이기는 습관〉 중에서

284

일을 재발견하라

우리 사회는 힘들게 노력하고 일하는 것을 너무나 중요하게 여기기 때문에, 즐겁거나 편안한 일을 선택할 때면 스스로를 게으르게 느끼거나 중요한 것을 회피하고 있지는 않은지 생각한다. 어떤 일이 너무 쉽게 이루어지면 우리는 의심을 한다. 답이 너무나 뻔해 보이는 질문을 받았을 때처럼 뭔가 함정이 숨어 있는 것은 아닌가 생각하는 것이다. '이거 속임수 아니야?'

–마크 고울스톤 · 필립 골드버그, 〈지금 당장 버려라〉 중에서

285

마지막 고비

“누군가 꿈을 이루기에 앞서, 만물의 정기는 언제나 그 사람이 그 동안의 여정에서 배운 모든 것들을 시험해보고 싶어하지. 만물의 정기가 그런 시험을 하는 것은 악의가 있어서가 아니네. 그건 자신의 꿈을 실현하는 것 말고도, 만물의 정기를 향해 가면서 배운 가르침 또한 정복할 수 있도록 하기 위함일세. 대부분의 사람들이 포기하고 마는 것도 바로 그 순간이지.”

–파울로 코엘료, 〈연금술사〉 중에서

사막에서 목말라 죽는 사람들은 오아시스 근처에 가장 많았다고 합니다. 'Final 3 feet'란 말이 있습니다. 마지막 3피트(약 1미터)를 남겨두고 땅파기를 포기해서 그 밑에 묻힌 금맥을 발견하지 못했다는 이야기에서 나온 말입니다. 또한 한 인디언 부족은 기우제만 지내면 100% 비가 온다고 합니다. 비가 올 때까지 기우제를 지내기 때문입니다. 성공이란 포기하지 않고 끝을 본 사람들의 최고의 수식어입니다.

우리가 찾는 보물은 항상 마지막 한 발치 아래 묻혀 있다고 합니다. 포기하고 싶은 자기 자신을 이겨낼 때 큰 성취를 이룰 수 있는 것입니다. 일의 완성이나 성공을 앞두고 포기하거나 좌절한 적이 있지 않나요? 끝을 보지 않았다면 그건 실패라고 할 수도 없습니다. 해뜨기 직전이 가장 어두운 법입니다. 어두워질수록 눈을 더 부릅뜨고 달려가세요. 그리고 눈부신 태양을 끌어안으세요.

286

작은 일 반복

어려운 일을 하려면 그것이 쉬울 때 해야 하고, 큰일을 하려면 그것이 작을 때해야 합니다. 세상에서 제일 어려운 일도 반드시 쉬운 일에서 시작되고, 세상에서 제일 큰일도 반드시 작은 일에서 시작되기 때문입니다. —노자, 〈도덕경〉 중에서

287

나를 지워라

"인생을 사는 데는 두 가지 길이 있습니다. 기억으로 사느냐, 영감으로 사느냐. 기억은 쉼 없이 재생되는 오래된 프로그램입니다. 반면 영감은 신이 여러분에게 주는 메시지이죠. 여러분은 영감을 받으며 살고 싶을 겁니다. 신의 목소리를 듣고 영감을 얻는 유일한 길은 모든 기억을 청소하는 것입니다. 여러분이 해야 하는 일은 정화입니다."

—조 비테일 · 이하레아카라 휴 렌, 〈호오포노포노의 비밀〉 중에서

288

소유하지 않는다

우리들이 필요에 의해서 물건을 갖게 되지만, 때로는 그 물건 때문에 적잖이 마음이 쓰이게 된다. 그러니까 무엇인가를 갖는다는 것은 다른 한편 무엇인가에 얽매인다는 뜻이다. 필요에 따라 가졌던 것이 도리어 우리를 부자유하게 얽어맨다고 할 때 주객이 전도되어 우리는 가짐을 당하게 된다. 그러므로 많이 갖고 있다는 것은 흔히 자랑거리로 되어 있지만, 그만큼 많이 얽혀 있다는 측면도 동시에 지니고 있다.

–법정, 〈무소유〉 중에서

289

10년 후에

우리는 삶을 덜 심각하게 볼 필요가 있어. 경직되고 좌절을 느낄 때마다 이런 식으로 자문해 보게.
'10년 후에 어느 누가 그 문제를 신경 쓸까?'
만약 신경 쓸 사람이 없다면, 거의 사소한 일에 불과한 거지. 따라서 더 이상 그런 걸 걱정하면서 시간을 낭비할 필요가 없는 거야.

–애덤 잭슨, 〈건강의 비밀〉 중에서

290

보물을 보는 눈

당신은 진정 새롭게 살아갈 수 있습니다. 그저 올바른 장소를 찾기만 하면 됩니다. 보물이 숨겨진 땅 위에 서 있다면 찾을 때까지 땅을 파내기만 하면 됩니다. 하지만 엉뚱한 장소에 서 있다면, 아무리 힘들게 깊게 파더라도 보물이 없다는 확신 외에는 아무것도 얻지 못합니다.

–가이 핀리, 〈그물에 걸리지 않는 바람처럼 다 놓아버려라〉 중에서

291

불안 지우기

여러분이 자꾸 '인생의 목표, 목표'하기 때문에 인생이 괴로운 겁니다. 인생에 의미를 너무 많이 부여하기 때문에 인생이 불안하고 초조하고 괴로운 것입니다. 오늘 아침 한 끼 배부르게 먹었는데 무슨 인생에 불안한 일이 있습니까? 오늘 저녁에 떨지 않고 잘 곳이 있는데 뭐 그리 인생에 불안한 일이 있나요?

–법륜, 〈행복한 출근길〉 중에서

292

나를 떠나라

자신을 한 발 떨어져 바라보는 가장 좋은 방법은 여행이다. 여행의 목적은 개인마다 다르지만, 여행은 직접 떠나보기 전에는 상상할 수 없을 만큼 인생에 크고 값진 선물을 안겨준다. 아주 낯선 곳에서 낯선 사람들과 만나는 시간은 자신을 완전히 다른 각도에서 바라보게 만든다.

—이노우에 히로유키, 〈생각만 하는 사람 생각을 실현하는 사람〉 중에서

293

꿈 만들기

"사막을 피해 돌아가서는
숲으로 갈 수 없었습니다.
사막에 나무를 심었더니,
그것이 숲으로 가는 길이 됐지요."

—이미애, 〈사막에 숲이 있다〉 중에서

294

숙명 키워드

당신도 당신의 인생을 걸 단 하나의 숙명적인 키워드를 찾아라. 가치관, 시대정신, 재능, 소명감, 자아상, 그리고 당신이 만들고 싶은 세상을 하나의 단어에 모두 응축시키고 집약하라. 가슴 뛰게 하는 단 하나의 키워드, 그것은 20년 이상을 투자해도 아깝지 않을 만큼 결정적이고 숙명적인 것이어야 한다. 결말이 어떻게 나든 그 키워드를 붙들고 있다는 사실 자체만으로도 가슴이 설레야 한다.

–강헌구, 〈가슴 뛰는 삶〉 중에서

누구에게나 인생에 대한 세 가지 큰 고민이 있습니다. “나는 누구인가?”, “나는 어떤 사람이 될 것인가?”, “ 나는 무슨 일을 할 것인가?”입니다. 물론 해결책이 있습니다. 나의 참 모습을 발견하고, 되고 싶은 사람, 하고 싶은 일을 정하면 됩니다. 이 세 가지를 하나로 묶는 단 하나의 키워드를 찾는다면 그것이 바로 우리의 ‘숙명’일 것입니다. 이는 우리가 반드시 될 수밖에 없고 또 그렇게 되어야만 하는 것을 나타내주는 최적의 단어입니다.

미리 본 나의 미래가 명확하다면 가슴이 설렐 것입니다. 그리고 우리를 움직일 것입니다. 그것은 이미 결정되어 있는 결과일 수 있지만 가만히 있으면 이룰 수 없게 됩니다. 이룰 것을 확신하고 달려가는 즐거움, 그것이 바로 숙명적인 키워드가 주는 꿈과 희망이 아닐까요? 단 한 번의 인생, 많은 것을 이룰 수 있지만 한 가지도 이루지 못할 수도 있습니다. 하나라도 이루려면 지금 그것을 찾아 단 하나의 목표로 삼으세요. 그리고 그것을 향해 달려가세요.

295

러너스하이에 중독되라

알코올이나 니코틴에 중독되면 끊임없이 술과 담배가 주는 즐거움을 갈망하게 된다. 만약 성공에 중독이 되면 어떨까? 한번 맛본 성취감은 더 큰 성공에의 갈망으로 연결될 것이다. 성취감은 어떤 중독 물질보다 더 강력한 즐거움을 준다. 반복되는 성공 체험은 성공에 대한 지속적 갈망과 노력을 유도하며, 이는 더 큰 성공을 이루는 토대가 된다.

–토머스 해리슨, 〈성공에의 몰입〉 중에서

글을 읽고 나서 여러분만의 경험과 생각, 느낌을 자유롭게 적어 보세요!
직접 작성한 글은 카카오톡 플러스친구 "리텍콘텐츠"로 보내주시거나 인스타그램에 #책속의명언300 #리텍콘텐츠 해시태그와 함께 올려주세요. 보내주신 소감은 출판사 및 저자 SNS 계정을 통해 다른 독자들과 함께 나누고 다섯 분을 선정하여 저자 데뷔작 "쉿! 나를 깨우세요" 사인본을 보내드립니다~!

296

과감한 결심

결심에 이르기 전까지는 주저함이 있고, 물러설 기회가 있고, 또 항상 무기력함이 있다. 그러나 분명한 결심에 이르는 순간 우주의 섭리도 함께 움직이게 된다. 결심에 이르지 않았다면 발생할 수 없었을 일들이 이제는 걷잡을 수 없이 일어나 우리를 돕는다. 결심으로부터 사건들이 연이어 발생하고, 이런 식으로 일어나리라고는 꿈도 꾸지 못했던 보이지 않는 우연들과 만남들과 물질적 도움들이 우리에게 유리한 방향으로 펼쳐진다. –주디스 라이트, 〈단 하나의 결심〉 중에서

297

현실 재창조

고통과 괴로움은 자신이 처한 상황이 아니라, 상황에 대해 자신이 어떤 생각을 갖고 있느냐에 달려 있다. 다시 말하면 우리의 생각이야말로 고통의 근원이다. (중략) 만일 자신이 선택하고 만들어낸 인식과 해석 때문에 기분이 좋지 않다면, 그걸 바꾸면 된다. –소니아 리코티, 〈언씽커블〉 중에서

298

나만의 정상

삶에서, 모든 이가 다 에베레스트를 오를 수는 없다. 세상엔 얼마나 많은 봉우리가 있는가. 높든 낮든 상관없이, 내 본원적 그리움과 지향에 따라 '나의 정상'을 찾아내는 것이 만족감을 얻는 일차적 관문일 것이고, 그 다음엔 그것을 향한 나만의 길을 찾아내고 오르는 것이 성공으로 가는 이차적 관문일 것이다.

–박범신, 〈산다는 것은〉 중에서

299

아름다운 마무리

올바르게 끝맺을 능력이 없다면, 작은 일에도 허둥대고, 원하는 목표와 꿈에 도달하지 못하게 될까 늘 전전긍긍하고 불안해할 것이다. 하지만 그보다 더 좋지 않은 것은 아무런 끝맺음도 없이 모든 것을 껴안은 채 옴짝달싹 못하는 모습이다.

–헨리 클라우드, 〈끝맺음에 서툰 당신에게〉 중에서

300

100년을 준비하라

너무 바빠서 책을 읽지 못한다고 사람들은 말한다. 하지만 이 말은 틀렸다. 너무 바빠서 책을 읽지 못하는 게 아니라 너무 바쁘기 때문에 책을 읽어야 한다. 바쁘다는 이유로 책을 읽지 않는 사람은 생각할 시간을 잃어버린 사람이다. 생각을 하지 않기 때문에 일을 할 때마다 시간이 많이 걸리고 생산성이 떨어진다.

—윤성화, 〈1만 페이지 독서력〉 중에서

사람들은 보통 97%의 삶을 매일 반복합니다. 3%만이 어제와 다른 내용의 삶인 것입니다. 이것은 의도적인 것이 아닌 경우가 대부분입니다. 아무 생각이 없다면 그저 그런 매일의 일상을 반복하며 사는 것이 인생입니다. 이것이 꼭 나쁜 것은 아니지만 나이가 들면서 똑같은 경험만 쌓이는 삶은 발전적이지 않습니다. 생각을 시작으로 '생각이 변하면 태도가 변하고, 태도가 변하면 행동이 변하고, 행동이 변하면 습관이 변하고, 습관이 변하면 운명이 변하는 것'입니다.

독서(讀書)의 묘미는 '책 속의 길을 따라 걸으며 생각하는 것'입니다. 생각을 하기 위해 책을 읽는 것인데 너무 생각이 많아지는 것도 문제가 됩니다. 영화 '아바타'에 "때론 단 하나의 결정이 운명을 좌우한다"라는 주인공의 독백이 나옵니다. 10년 동안에 1년에 100권씩 약 1천여 권의 독서를 하면 앞으로 100년을 살아갈 예지력, 직관력, 판단력을 얻을 수 있습니다. 책 속을 거닐며 사색을 즐겨보세요. 그 결정이 여러분의 운명이 될 것입니다.

책 상세보기

저자가 추천하는 자기계발 추천도서

인생을 바꿀 책속의 명언 300

20년 독서 2000권에서 알아낸 통찰의 지혜

초판 1쇄 발행 | 2017년 10월 10일
초판 3쇄 발행 | 2024년 1월 1일

지은이 | 북 테라피스트 최영환
기획편집총괄 | 호혜정
편집 | 김찬미
기획 | 홍연서
표지·본문 디자인 | 김민정
교정·교열 | 호혜정 홍연서
펴낸곳 | 리텍 콘텐츠
출판등록 | 2011년 6월 28일 제 2011-000200호
주소 | 서울시 용산구 원효로 153 원효빌딩 824호
전화 | 02-2051-0311 **팩스** | 02-6280-0371
이메일 | ritec1@naver.com
홈페이지 | http://www.ritec.co.kr
페이스북 | **블로그** | **카카오스토리채널** | [책속의 처세]
ISBN | 979-11-86151-10-5 (13320)

* 이 도서의 국립중앙도서관 출판예정도서목록(CIP)은
서지정보유통지원시스템홈페이지(http://seoji.nl.go.kr)와
국가자료공동목록시스템(http://www.nl.go.kr/kolisnet)에서
이용하실 수 있습니다.(CIP제어번호: CIP2017023626)